서울대 한국어

Workbook 3A

서울대학교 언어교육원

서울대 한국어 3A Workbook

지은이 서울대학교 언어교육원
편집인 박형만, 송솔내, James Lee
펴낸곳 (주)투판즈
서울시 강남구 논현로 303
Tel (02)2140-2500
Fax (02)2140-2599
www.twoponds.co.kr
등록 1980년 10월 7일 제2004-000086호
디자인 디자인마루 / 새담디앤피
초판 1쇄 2015년 11월 1일
54쇄 2026년 2월 1일

ISBN 978-89-539-4954-6

Written by Language Education Institute, Seoul National University
Published by TWOPONDS Co., Ltd.
Designed by Designmaru / SAEDAM D&P

머리말 Preface

〈서울대 한국어 3A Workbook〉은 〈서울대 한국어 3A Student's Book〉의 부교재로, 주교재에서 학습한 내용이 연습을 통해 사용 능력으로 정착되도록 구성하였다. 이를 위해 어휘와 문법을 다양한 맥락 속에서 사용해 보고 복습 단원을 통해 정리 학습이 이루어질 수 있도록 하였다.

어휘는 사용 영역을 고려한 문장 및 대화 단위의 연습 문제를 마련하여 맥락에서 의미를 파악하고 생산적인 사용에 이를 수 있도록 하였다. 또한 목표 문법을 문장 및 대화 단위에서 정확하게 사용하여 문장 구성 능력, 담화 구성 능력을 익힐 수 있도록 하였다. 어휘 및 문법의 연습 문제에 제시된 문장이나 대화는 연습을 위한 기계적 문장을 지양하고 실제적 상황, 유의미한 대화에 중점을 두고 제시함으로써 교실에서의 연습이 교실 밖에서의 언어 사용 능력으로 용이하게 연계되도록 하였다. 또한 학습 내용을 점검하고 정리하기 위한 복습 단원을 세 단원마다 두었다. 복습 단원에서는 의미적 또는 형태적으로 유사한 어휘 및 문법의 구별 학습, TOPIK 형식의 어휘와 문법, 듣기, 읽기 및 쓰기 연습 문제 풀이, 발음 복습 등을 통해 과별로 학습된 언어 지식 및 언어 기술을 확인하고 통합하여 사용해 보도록 하였다. 또한 말하기 확장 연습을 추가로 제공하여 중급 단계의 구어 능력을 강화할 수 있도록 하였다.

이 책이 완성되기까지 많은 분들의 노력과 수고가 있었다. 무엇보다 오랜 기간에 걸쳐 집필 및 출판 과정에 참여한 교재개발위원회 선생님들의 헌신으로 책이 만들어질 수 있었다. 또한 직접 수업에서 사용하면서 꼼꼼하게 수정해 주신 서울대학교 언어교육원 한국어교육센터의 여러 선생님들, 정확한 발음으로 녹음을 해 주신 성우 임채헌, 우현주 선생님의 노고에 감사를 드린다. 아울러 책이 출판되기까지 오랜 기간 동안 작업을 도와주신 투판즈의 사장님과 도현정 부장님, 박형만 편집팀장님, 송솔내 대리님을 비롯한 편집진 여러분께도 고마운 마음을 전한다.

2015. 11.
서울대학교 언어교육원
원장 전 영 철

Preface 머리말

<Seoul National University Korean Language 3A Workbook> is a supplementary resource for <Seoul National University Korean Language 3A Student's Book>. This book is carefully coordinated to develop learners' proficiency through exercises supporting the content of the main textbook. It provides a variety of exercises for vocabulary and grammar, and review units.

Sentence level and dialogue level vocabulary exercises are designed to promote learners' ability to grasp meaning in context and apply language in productive manner. Grammar exercises develop learners' control of grammar at the sentence level and conversational level, and further expand learning ability to creating sentences and conversational language. Carefully selected sentences from meaningful and authentic communicative contexts enable learners to apply language in real-life situations beyond the classroom. A review unit for every three main units allows both evaluation of learners' progress and review. Review units provide learners with opportunities to integrate the knowledge and skills acquired from each unit through the contrast of grammar items that are similar in meaning and form, TOPIK test modeled review exercises for vocabulary, grammar, listening, reading, and writing, and a pronunciation review. Extended speaking practice enhances learners' intermediate level in spoken language.

We wish to express our sincere gratitude to all who contributed to this project. We would particularly like to thank all instructors from the textbook development committee. Without their dedication and effort, this textbook would not have been possible. Also, we would like to thank numerous instructors of the [Korean] Language Education Institute at Seoul National University for their help in piloting materials and making suggestions. In addition, we would like to thank Lim Chaeheon and Woo Hyunju for their audio recordings. Finally, we would like to extend our gratitude to the CEO of TWOPONDS, Director Do Hyunjeong, Editorial Manager Park Hyungman, Ms. Song Solnae and all other editorial staff members for their generous support in having this volume published.

November 2015

Jun Youngchul

Executive Director

Language Education Institute, Seoul National University

일러두기 How to use this book

서울대 한국어 3A Workbook은 〈서울대 한국어 3A Student's Book〉의 부교재로 1~9과, 복습 1~3으로 구성되었다. 각 과는 '어휘 연습', '문법과 표현 연습', '문형 연습'으로 구성되어 있으며, 복습은 '어휘와 문법, 듣기, 읽기와 쓰기, 발음, 말하기'로 구성되어 있다.

The Seoul National University Korean Language 3A Workbook is a supplementary resource for the <Seoul National University Korean Language 3A Student's Book>. This workbook contains 9 main units and 3 review units. Each unit consists of Vocabulary exercises, Grammar and Expression exercises, and Pattern Practice. Review units include Vocabulary and Grammar, Listening, Reading and Writing, Pronunciation, and Speaking exercises.

학습 목표 Learning Goals

각 과의 어휘, 문법과 표현, 문형 연습의 학습 목표를 제시한다.
The Cover Page presents the learning objectives of the Vocabulary, Grammar and Expression, and Pattern Practice portions of each unit.

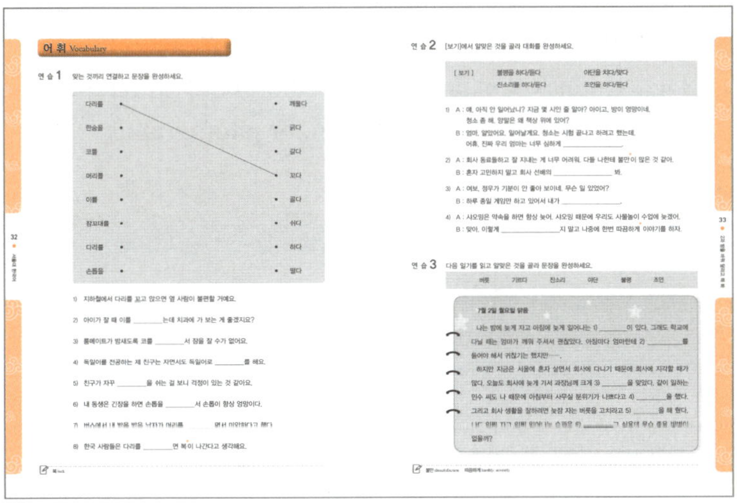

• 어휘 Vocabulary

주제 어휘의 의미를 확인하고 사용역이나 연어 관계 등을 익히며, 문장 혹은 대화 단위의 어휘 연습을 통해 어휘의 사용 능력을 기른다.
The Vocabulary section develops learners' knowledge of lexical meanings, domain of usage, and collocations while promoting vocabulary use through sentence or dialogue level exercises.

일러두기 How to use this book

• 문법과 표현 Grammar and Expression

형태 연습과 문장 단위의 연습, 대화 단위의 연습으로 구성된다.

The Grammar and Expression section offers pattern drill exercises, sentence level exercises and dialogue level exercise.

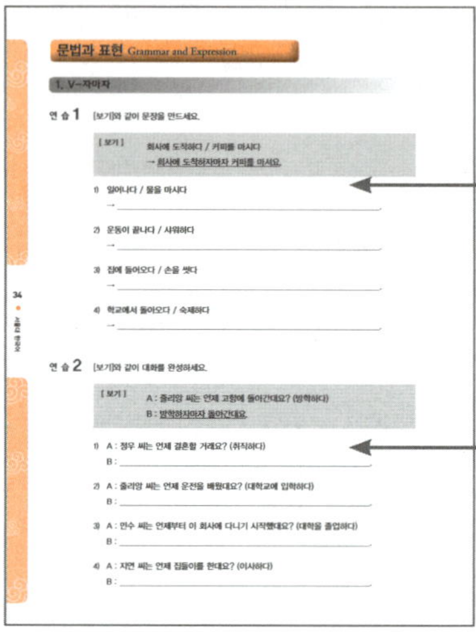

형태 연습

목표 문법의 활용 형태를 연습한다.

Pattern drill exercises provide practice of target grammar conjugations.

문장 연습

제시어나 그림, 사진을 활용하여 문장을 구성한다.

Sentence level exercises allow for the production of sentences using given words, illustrations, or photographs.

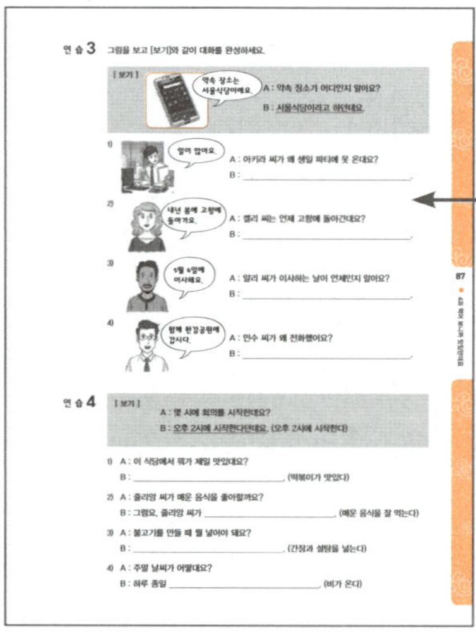

대화 연습

제시어나 그림, 사진을 활용하여 맥락을 드러내는 짧은 대화를 구성한다.

Dialogue level exercises offer short contextual dialogues using given words, illustration, or photographs.

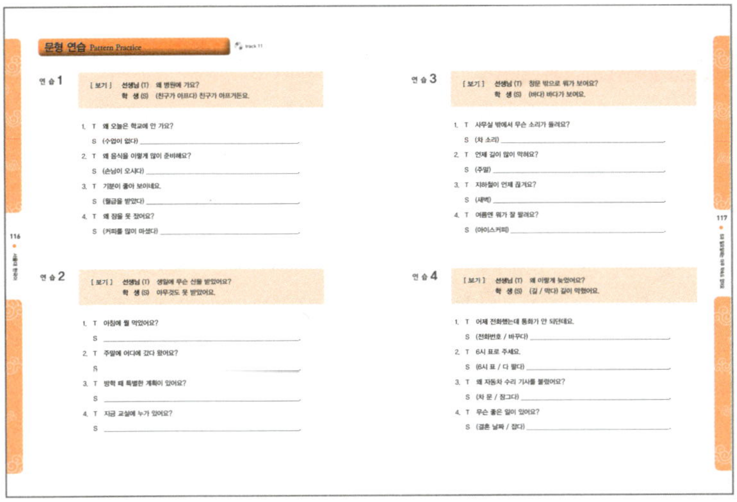

• 문형 연습 Pattern Practice

통제된 반복 연습을 통해 학습한 문법과 표현을 충분히 익히도록 한다.

The Pattern Practice section encourages learning of grammar and expressions through controlled repeated exercises.

• 복습 Review

과별 학습 내용을 연계하여 어휘와 문법, 듣기, 읽기와 쓰기, 발음, 말하기의 영역별 복습을 할 수 있도록 구성되어 있다.

The Review section reexamines the Vocabulary, Grammar, Listening, Reading, Writing, Pronunciation, and Speaking portions of each unit.

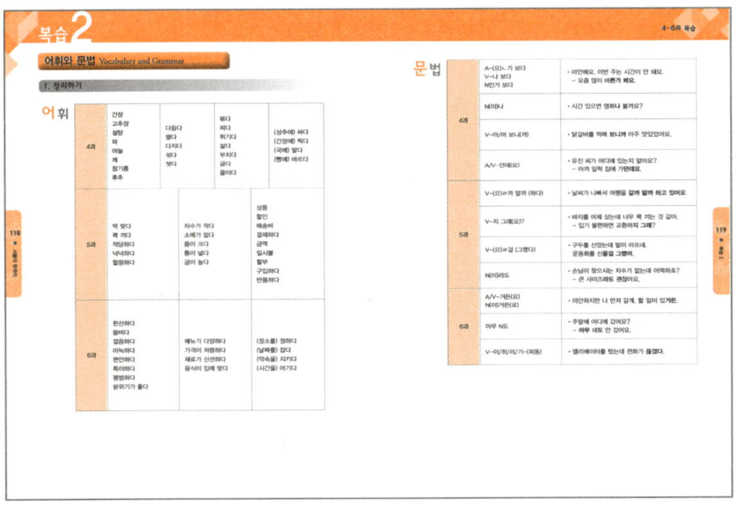

어휘와 문법

주제 어휘, 문법과 표현의 각 항목을 예문과 함께 제시하여 학습 내용을 확인하고 정리할 수 있도록 한다.

The Vocabulary and Grammar section provides a consolidated explanation of each key Vocabulary, and Grammar and Expression item.

일러두기 How to use this book

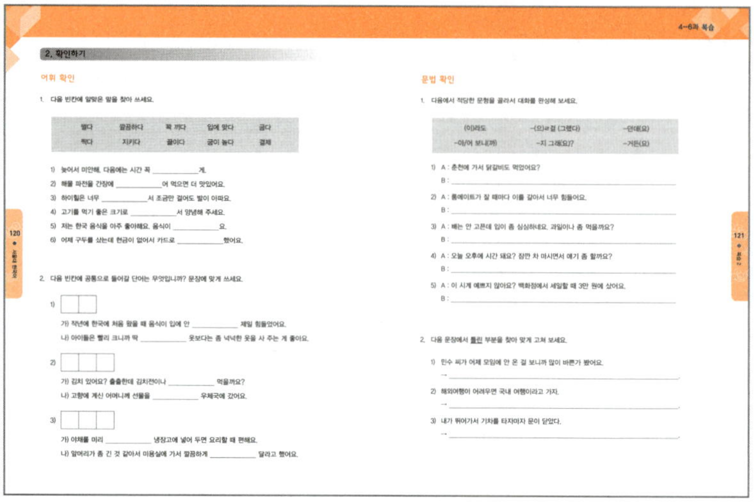

목표 문법 중 학습자 오류가 빈번하거나 심화 학습이 필요한 항목을 선정하여 의미와 용법을 재확인하고 연습할 수 있도록 한다.

The Vocabulary and Grammar section provides exercises to reexamine selected items that have a high frequency of grammatical errors and require further study.

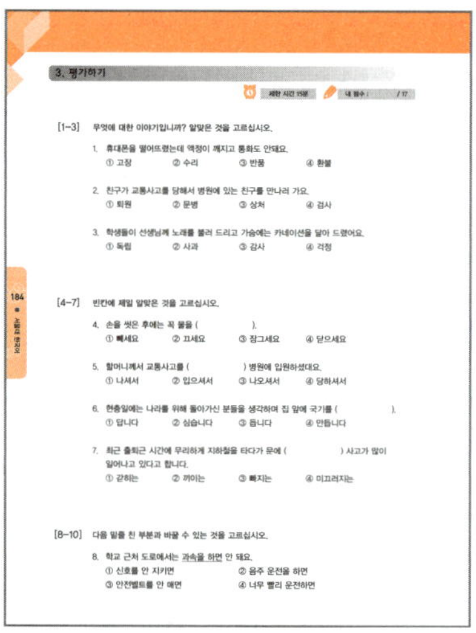

어휘, 문법과 표현에 대한 다양한 유형의 문제를 풀면서 학습자의 성취도를 점검할 수 있도록 한다.

The Vocabulary and Grammar section provides various types of pattern exercises to evaluate learners' progress.

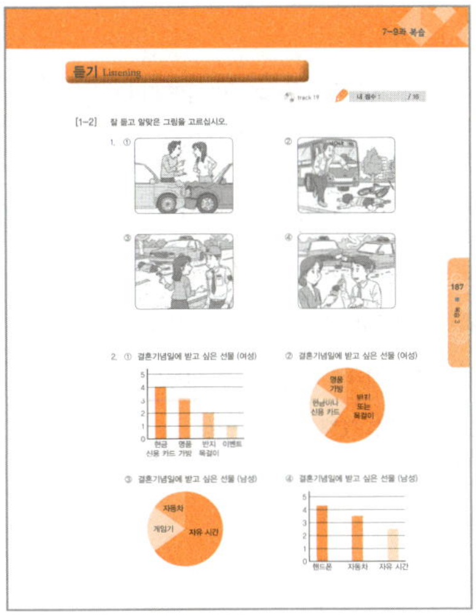

듣기

학습한 주제와 관련된 내용의 문제를 풀면서 의사소통 상황에 대한 이해 능력을 높이도록 한다.

The Listening section promotes topical comprehension in communicative contexts.

읽기와 쓰기

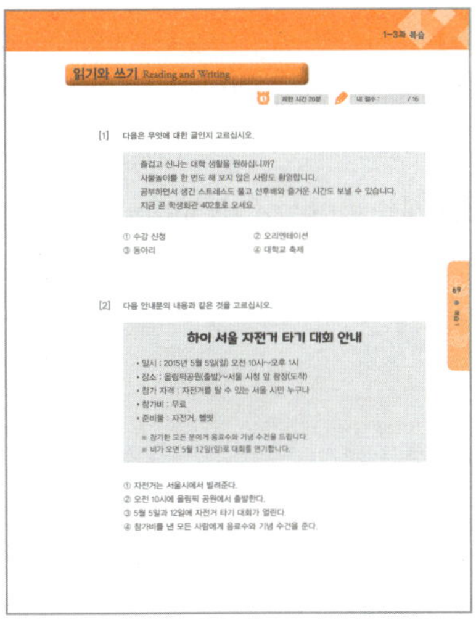

읽기

목표 어휘와 문법이 포함된 다양한 글을 읽고 문제 풀이를 통해 이해를 확인한다.

The Reading section presents varied types of texts and exercises that include target vocabulary and grammar allowing learners to check their comprehension.

일러두기 How to use this book

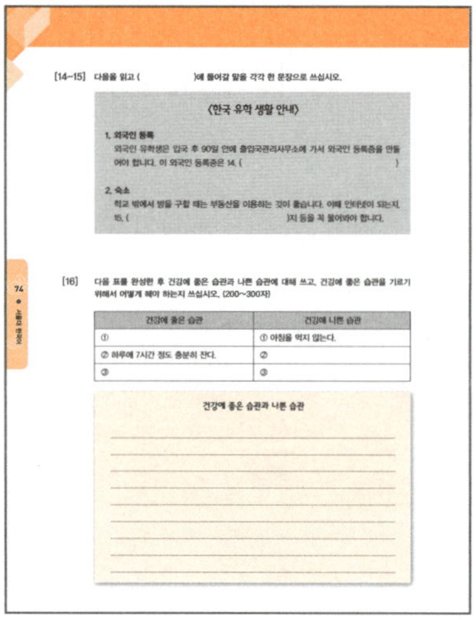

쓰기

문장 단위 쓰기 연습을 마련하여 목표 어휘와 문법을 사용한 문장 구성 능력을 향상시킬 수 있도록 한다. 또한 주제 중심의 담화 단위 쓰기 연습을 통해 텍스트 구성 능력을 향상시킬 수 있도록 한다.

The Writing section offers sentence level writing exercises that enhance the ability to create sentences using target vocabulary and grammar, and thematic conversational level writing exercises that promote the ability to construct texts.

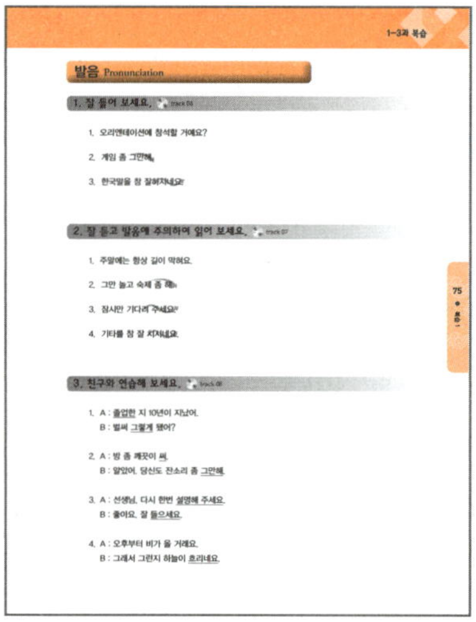

발음

학습한 발음 영역의 내용을 확인하고 연습을 통해 정확한 발음이 내재화될 수 있도록 한다.

The Pronunciation section provides a review of pronunciation rules and ensures successful internalization of accurate pronunciation.

말하기

학습한 내용과 관련된 그림을 제시하여 그림을 보면서 이야기를 만들어 보는 연습을 한다.

The Speaking section is a story-making exercise that contains an image related to the topic.

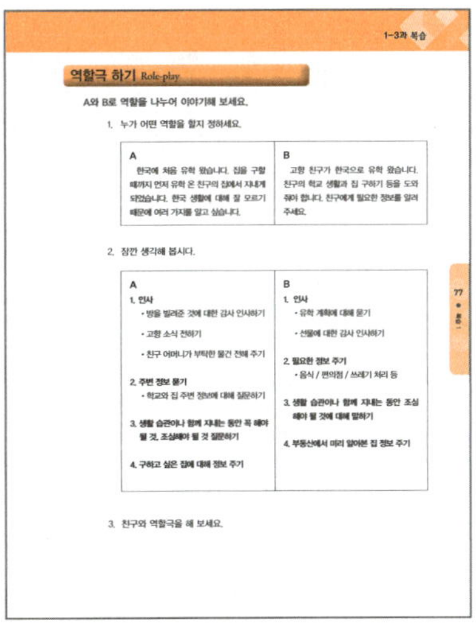

역할극 하기

실제적인 대화 상황을 역할극 형식으로 제시하여 유의미한 상호작용이 이루어지도록 한다.

The Role-play section offers reciprocal practice at realistic Role-play scenarios and at authentic communicative situations.

일러두기 How to use this book

• 부록 Appendix

'듣기 지문', '모범 답안'으로 구성된다.

The Appendix supplies Listening Scripts, and Answer Key.

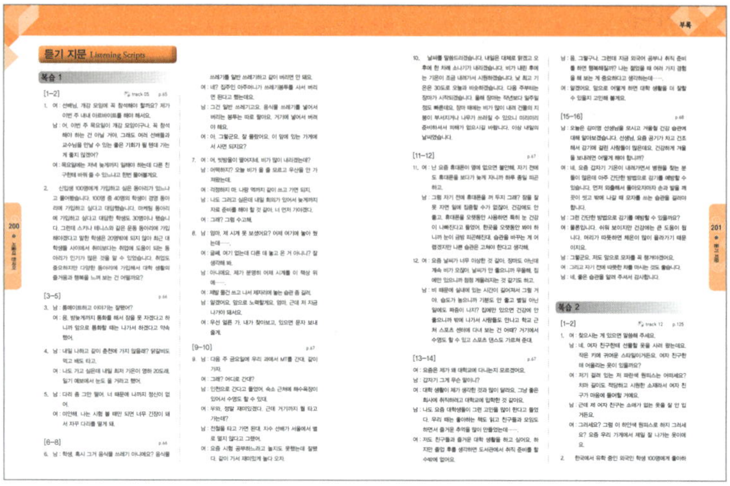

듣기 지문

복습 듣기의 지문을 제공한다.

The Listening Scripts furnish texts of the listening exercises in review units.

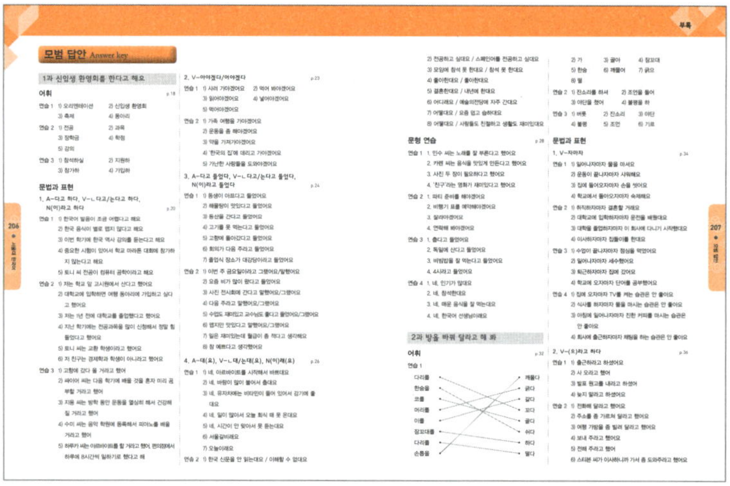

모범 답안

각 과의 '어휘, 문법과 표현, 문형 연습'의 문제, 복습의 '어휘와 문법, 듣기, 읽기와 쓰기' 문제에 대한 모범 답안을 제공한다.

Answer Key supplies correct answers for Vocabulary, Grammar and Expression, Pattern Practice in each unit; and Vocabulary and Grammar, Listening, Reading and Writing in review units.

차례 Contents

교재 구성표 Scope and Sequence

과 Unit	어휘 Vocabulary	문법과 표현 Grammar and Expression	
1과 신입생 환영회를 한다고 해요 They say there will be a welcome party for new students	• 대학 생활과 문화 University life and culture	• A-다고 하다, V-ㄴ다고/는다고 하다, N(이)라고 하다 • V-아야겠다/어야겠다 • A-다고 들었다, V-ㄴ다고/는다고 들었다, N(이)라고 들었다 • A-대(요), V-ㄴ대/는대(요), N(이)래(요)	문형 연습 Pattern Practice
2과 방을 바꿔 달라고 해 봐 Ask to have your room changed	• 습관과 버릇 Habits	• V-자마자 • V-(으)라고 하다 • V-느라고 • 누구나, 언제나, 어디나, 무엇이나, 무슨 N(이)나	문형 연습 Pattern Practice
3과 비가 이렇게 많이 올 줄 몰랐어요 I didn't know that it would rain this much	• 날씨 Weather	• A/V-(으)ㄹ 텐데 • A-(으)냐고 하다[묻다], V-느냐고 하다[묻다], N(이)냐고 하다[묻다] • A/V-(으)ㄹ 줄 몰랐다 • V-자고 하다	문형 연습 Pattern Practice
복습 1			
4과 먹어 보니까 맛있던데요 Having tasted it, it was delicious	• 음식과 요리 Food and cooking	• A-(으)ㄴ가 보다, V-나 보다, N인가 보다 • N(이)나 • V-아/어 보니(까) • A/V-던데(요)	문형 연습 Pattern Practice
5과 입어 보고 살걸 그랬어요 I should have tried it on and bought it	• 치수와 물건 구매 Sizes and item purchases	• V-(으)ㄹ까 말까 (하다) • V-지 그래(요)? • V-(으)ㄹ걸 (그랬다) • N(이)라도	문형 연습 Pattern Practice

1 신입생 환영회를 한다고 해요

They say there will be a welcome party for new students

어 휘
- 대학 생활과 문화
  University life and culture

문법과 표현
- A-다고 하다, V-ㄴ다고/는다고 하다, N(이)라고 하다
- V-아야겠다/어야겠다
- A-다고 들었다, V-ㄴ다고/는다고 들었다, N(이)라고 들었다
- A-대(요), V-ㄴ대/는대(요), N(이)래(요)

문형 연습

어 휘 Vocabulary

연 습 1 다음 일정표*를 보면서 대화를 완성하세요.

한국대학교 2016년 1학기

	1주	2주	3주	4주
2월			21일 졸업식	27~28일 신입생 오리엔테이션
3월	3일 입학식 7일 신입생 환영회		17일 동아리 설명회	
4월				21일~25일 중간시험
5월		7~9일 축제		

1) A : 아직 입학식도 안 했는데 벌써 학교에 가요?

   B : 네, 대학 생활의 여러 가지를 알려 주는 ________________이 있어요.

2) A : 3월 7일에 하는 ________________에 꼭 가야 할까요?

   B : 여러 선배들과 인사할 수 있는 좋은 기회니까 가는 게 좋을 거예요.

3) A : 4월 말에 중간시험이 있네요. 벌써부터 걱정이에요.

   B : 그래도 시험이 끝나면 즐거운 ________________가 기다리고 있어.

   열심히 공부한 후에 신나게 놀면서 스트레스를 풀자.

4) A : 대학교에서 무슨 ________________ 활동을 하면 좋을까?

   B : 너는 테니스 치는 걸 좋아하니까 테니스 ________________가 어때?

*일정표 schedule

연 습 2 알맞은 것을 골라 문장을 완성하세요.

강의	과목	전공	성적	학점	장학금

1) 나는 대학교에서 경제학*을 __________하는 1학년 학생이다.

2) 제일 좋아하는 __________이 수학이라서 경제학과에 들어왔다.

3) 입학할 때 성적이 좋아서 __________도 받았다.

4) 이 장학금은 학기마다 B __________ 이상을 받으면 졸업할 때까지 계속 받을 수 있다.

5) 대학 __________가 고등학교 수업과 많이 다르지만 열심히 공부하겠다.

연 습 3 알맞은 것을 골라 대화를 완성하세요.

지원하다	합격하다	참석하다
신청하다	가입하다	참가하다

1) A : 내일 회의에 사장님도 오세요?

   B : 네, 중요한 회의니까 꼭 __________ 거예요.

2) A : 왜 그 회사에 __________려고 해요?

   B : 한국에서 휴대폰을 제일 잘 만드는 회사이고 월급도 많아서요.

3) A : 말하기 대회에 __________고 싶은데 어떻게 신청해야 하지요?

   B : 인터넷으로 참가 신청서를 내면 돼요.

4) A : 인터넷 유학생 카페에 __________고 싶은데요.

   B : 그럼 제가 홈페이지 주소를 가르쳐 드릴 테니까 들어가 보세요.

*경제학 economics

문법과 표현 Grammar and Expression

1. A-다고 하다, V-ㄴ다고/는다고 하다, N(이)라고 하다

연 습 1 토니 씨가 뭐라고 했어요? [보기]와 같이 친구에게 전해 주세요.

1) 한국어 발음이 조금 어려워요.

토니 씨는 한국어 공부 열심히 하고 있어요?

네, 하지만 ______________________________.

2) 한국 음식이 별로 맵지 않아요.

한국 음식이 매운데 토니 씨는 한국 음식을 잘 먹어요?

네, 잘 먹어요. ______________________________.

3) 이번 학기에 한국 역사 강의를 들어요.

토니 씨가 한국 역사책을 읽고 있네요.

네, ______________________________.

4) 중요한 시험이 있어서 학교 마라톤* 대회에 참가하지 않아요.

이번 마라톤 대회에 토니 씨도 참가하지요?

아니요, ______________________________.

5) 제 전공은 컴퓨터 공학*이에요.

컴퓨터가 좀 이상한데 누구한테 물어보면 좋을까요?

토니 씨에게 물어보세요. ______________________________.

마라톤 marathon 컴퓨터 공학 computer engineering

연 습 2 친구가 내 말을 못 들었어요. [보기]와 같이 다시 말해 주세요.

1) 저는 학교 앞 고시원에서 살아요.

미안하지만 잘 못 들었어요. 뭐라고요?

____.

2) 대학교에 입학하면 여행 동아리에 가입하고 싶어요.

네? 다시 한번 말씀해 주시겠어요?

____.

3) 저는 1년 전에 대학교를 졸업했어요.

네? 뭐라고요?

____.

4) 지난 학기에는 전공과목을 많이 신청해서 정말 힘들었어요.

잘 못 들었는데 천천히 다시 말해 주세요.

____.

5) 토니 씨는 교환 학생이에요.

네? 뭐라고 하셨어요?

____.

6) 저 친구는 경제학과 학생이 아니에요.

죄송하지만 뭐라고 하셨지요?

____.

연 습 3 반 친구들의 방학 계획을 듣고 [보기]와 같이 문장을 완성하세요.

[보기] 마이클

1) 예린

2) 싸이어

3) 지용

4) 수미

5) 하루카

[보기]	마이클은 제주도로 여행을 갈 거라고 했어. 한라산 등산도 할 거라고 해.

1) 예린 씨는 ____.

2) ____.

3) ____.

4) ____.

5) ____.

2. V-아야겠다/어야겠다

연 습 1 [보기]와 같이 대화를 완성하세요.

[보기] (공부하다)
A : 이번 시험이 어려울 거라고 해요.
B : 그래요? 도서관에 가서 열심히 공부해야겠어요.

1) (사러 가다)
A : 오늘이 민수 씨 생일이라고 해요.
B : 그래요? 그럼 선물을 ______________________.

2) (먹어 보다)
A : 마리코 씨가 맛있는 일본 식당을 안다고 해요.
B : 그래요? 그럼 가서 ______________________.

3) (읽다)
A : 요즘 이 소설이 인기가 있다고 해요.
B : 저도 사서 ______________________.

4) (넣다)
A : 국이 좀 싱거운 것 같은데요.
B : 그러네요. 소금을 더 ______________________.

5) (먹다)
A : 회사에 가야 하는데 몸이 너무 안 좋아요.
B : 열이 많이 나요. 빨리 약을 ______________________.

연 습 2 [보기]와 같이 문장을 완성하세요.

[보기] 주말에는 운동을 좀 해야겠어요.

1) 이번 휴가 때는 ______________________________________.

2) 새해에는 ______________________________________.

3) 여행 갈 때 ______________________________________.

4) 고향 친구가 한국에 놀러 오면 ______________________________________.

5) 돈을 많이 벌면 ______________________________________.

3. A-다고 들었다, V-ㄴ다고/는다고 들었다, N(이)라고 들었다

연 습 1 [보기]와 같이 대화를 완성하세요.

> **[보기]**
> A : 이번 휴가 때 어디로 여행을 가면 좋을까요?
> B : 경주에 재미있는 곳이 많다고 들었어요.
> (재미있는 곳 / 많다)

1) A : 지영 씨가 왜 고향에 돌아가는지 아세요?
   B : 네, ______________________________.
   (동생 / 아프다)

2) A : 제주도에 가서 뭘 먹으면 좋을까요?
   B : 제주도는 ______________________________.
   (해물탕 / 맛있다)

3) A : 폴 씨가 전화를 안 받는데 혹시 폴 씨 못 봤어요?
   B : 오늘 ______________________________.
   (등산 / 가다)

4) A : 오늘 회식 때 삼겹살을 먹으면 어떨까요?
   B : 수미 씨가 ______________________________.
   (고기 / 못 먹다)

5) A : 미사코 씨가 왜 학교에 안 오는지 아세요?
   B : 네, ______________________________.
   (고향 / 돌아갔다)

6) A : 민수 씨, 회의가 언제예요?
   B : ______________________________.
   (회의 / 다음 주)

7) A : 졸업식 장소가 어디인지 아세요?
   B : ______________________________.
   (졸업식 장소 / 대강당)

연 습 2 알맞은 것을 골라 대화를 완성하세요.

–다고 들었다	–다고 그랬다
–다고 말했다	–다고 생각하다/생각했다

1) A : 오리엔테이션이 언제인지 알아요?
B : 선배가 ______________________________.
(이번 주 금요일)

2) A : 요즘 고향 뉴스를 들었어요?
B : 네, ______________________________.
(비가 많이 왔다)

3) A : 켈리 씨가 주말에 뭐 한다고 했어요?
B : ______________________________.
(사진 전시회에 가다)

4) A : 미호 씨가 휴가가 언제라고 그랬지요?
B : ______________________________.
(다음 주)

5) A : '한국 문학' 수업이 어떻다고 해요?
B : ______________________________.
(수업도 재미있고 교수님도 좋다)

6) A : 고향 친구가 한국 음식을 먹고 뭐라고 말했어요?
B : ______________________________.
(맵지만 맛있다)

7) A : 지금 다니는 회사가 어떻다고 생각해요?
B : ______________________________.
(일은 재미있는데 월급이 좀 적다)

8) A : 처음 여자 친구를 만났을 때 무슨 생각을 했어요?
B : ______________________________.
(   )

4. A-대(요), V-ㄴ대/는대(요), N(이)래(요)

연습 1 [보기]와 같이 대화를 완성하세요.

[보기]
A : 토니 씨가 동생 입학식에 못 간다고 했어요?
B : 네, 감기가 심해서 못 간대요.
(감기가 심하다)

1) A : 장량 씨가 요즘 바쁘다고 했어요?
B : ______________________.
(아르바이트를 시작하다)

2) A : 오늘 날씨가 춥다고 했어요?
B : ______________________.
(바람이 많이 불다)

3) A : 유자차가 감기에 좋다고 했어요?
B : ______________________.
(비타민*이 들어 있다)

4) A : 알렉산드라 씨가 오늘 회식 때 못 온다고 했어요?
B : ______________________.
(일이 많다)

5) A : 토마스 씨가 그 강의를 안 듣는다고 했어요?
B : ______________________.
(시간이 안 맞다)

6) A : 회식 장소가 어디라고 했어요?
B : ______________________.
(서울갈비)

7) A : 미소 씨 생일이 언제라고 했지요?
B : ______________________.
(오늘)

* 비타민 vitamin

연 습 2 [보기]와 같이 대화를 완성하세요.

[보기] 이사를 가다 / 불편하다
A : 마이클 씨가 왜 이사를 간대요?
B : 지하철역이 멀어서 불편하대요.

1) 한국 신문을 안 읽다 / 이해할 수 없다
A : 수잔 씨가 왜 ______________________?
B : 너무 어려워서 ______________________.

2) 전공하고 싶다 / (   )
A : 제니 씨가 뭘 ______________________?
B : 외국어 공부를 좋아해서 ______________________.

3) 모임에 참석 못 하다 / (   )
A : 크리스 씨가 왜 ______________________?
B : 다리를 다쳐서 .

4) 좋아하다 / (   )
A : 민수 씨가 왜 설렁탕을 ______________________?
B : 맵지 않아서 ______________________.

5) 결혼하다 / (   )
A : 토모미 씨가 언제 ______________________?
B : 올해는 일이 바빠서 ______________________.

6) 어디 / (   )
A : 수넷 씨가 자주 가는 곳이 ______________________?
B : 공연을 좋아해서 ______________________.

7) 어떻다 / (   )
A : 안나 씨가 고향 날씨가 ______________________?
B : ______________________.

8) 어떻다 / (   )
A : 카를로스 씨가 한국 생활이 ______________________?
B : ______________________.

문형 연습 Pattern Practice

track 02

연 습 1

[보기] 선생님 (T) 그 사람은 주말마다 영화를 봐요.
학 생 (S) 그 사람은 주말마다 영화를 본다고 했어요.

1. T 민수 씨는 노래를 잘 불러요.
   S ______________________________.
2. T 카렌 씨는 음식을 맛있게 만들어요.
   S ______________________________.
3. T 사진 두 장이 필요해요.
   S ______________________________.
4. T '친구'라는 영화가 재미있어요.
   S ______________________________.

연 습 2

[보기] 선생님 (T) 다음 주에 중요한 시험이 있지요?
학 생 (S) (열심히 공부하다) 네, 열심히 공부해야겠어요.

1. T 내일이 수진 씨 생일이지요?
   S (파티 준비를 하다) 네, ______________________________.
2. T 방학 때 고향에 가지요?
   S (비행기 표를 예약하다) 네, ______________________________.
3. T 머리가 너무 기네요.
   S (자르다) 네, ______________________________.
4. T 민호 씨가 아직도 안 왔네요.
   S (연락해 보다) 네, ______________________________.

연 습 3

[보기] **선생님** (T) 어느 시장이 물건값이 싼지 아세요?
학 생 (S) (남대문시장) 남대문시장이 싸다고 들었어요.

1. T 지금 고향 날씨가 어떤지 아세요?
   S (춥다) ______________________________.
2. T 마이클 씨가 어디에 사는지 아세요?
   S (독일) ______________________________.
3. T 밍밍 씨가 뭘 잘 먹는지 아세요?
   S (비빔밥) ______________________________.
4. T 회의가 몇 시인지 아세요?
   S (4시) ______________________________.

연 습 4

[보기] **선생님** (T) 오늘 날씨가 따뜻해요?
학 생 (S) 네, 따뜻하대요.

1. T 그 수업이 인기가 많아요?
   S ______________________________.
2. T 민수 씨도 졸업식에 참석해요?
   S ______________________________.
3. T 바바라 씨도 매운 음식을 잘 먹어요?
   S ______________________________.
4. T 지현 씨 언니가 한국어 선생님이에요?
   S ______________________________.

2 방을 바꿔 달라고 해 봐

Ask to have your room changed

어 휘
- 습관과 버릇
  Habits

문법과 표현
- V-자마자
- V-(으)라고 하다
- V-느라고
- 누구나, 언제나, 어디나,
  무엇이나, 무슨 N(이)나

문형 연습

어 휘 Vocabulary

연 습 1 맞는 것끼리 연결하고 문장을 완성하세요.

다리를 •	• 깨물다
한숨을 •	• 긁다
코를 •	• 갈다
머리를 •	• 꼬다
이를 •	• 골다
잠꼬대를 •	• 쉬다
다리를 •	• 하다
손톱을 •	• 떨다

1) 지하철에서 다리를 꼬고 앉으면 옆 사람이 불편할 거예요.

2) 아이가 잘 때 이를 ________는데 치과에 가 보는 게 좋겠지요?

3) 룸메이트가 밤새도록 코를 ________서 잠을 잘 수가 없어요.

4) 독일어를 전공하는 제 친구는 자면서도 독일어로 ________를 해요.

5) 친구가 자꾸 ________을 쉬는 걸 보니 걱정이 있는 것 같아요.

6) 내 동생은 긴장을 하면 손톱을 ________서 손톱이 항상 엉망이다.

7) 버스에서 내 발을 밟은 남자가 머리를 ________면서 미안하다고 했다.

8) 한국 사람들은 다리를 ________면 복*이 나간다고 생각해요.

* 복 luck

연 습 2 [보기]에서 알맞은 것을 골라 대화를 완성하세요.

[보기]	불평을 하다/듣다	야단을 치다/맞다
	잔소리를 하다/듣다	조언을 하다/듣다

1) A : 얘, 아직 안 일어났니? 지금 몇 시인 줄 알아? 아이고, 방이 엉망이네. 청소 좀 해. 양말은 왜 책상 위에 있어?
   B : 엄마, 알았어요. 일어날게요. 청소는 시험 끝나고 하려고 했는데. 어휴, 진짜 우리 엄마는 너무 심하게 ________________.

2) A : 회사 동료들하고 잘 지내는 게 너무 어려워. 다들 나한테 불만*이 많은 것 같아.
   B : 혼자 고민하지 말고 회사 선배의 ________________ 봐.

3) A : 여보, 정우가 기분이 안 좋아 보이네. 무슨 일 있었어?
   B : 하루 종일 게임만 하고 있어서 내가 ________________.

4) A : 샤오밍은 약속을 하면 항상 늦어. 샤오밍 때문에 우리도 사물놀이 수업에 늦겠어.
   B : 맞아. 이렇게 ________________지 말고 나중에 한번 따끔하게* 이야기를 하자.

연 습 3 다음 일기를 읽고 알맞은 것을 골라 문장을 완성하세요.

버릇	기르다	잔소리	야단	불평	조언

7월 2일 월요일 맑음

나는 밤에 늦게 자고 아침에 늦게 일어나는 1) ________이 있다. 그래도 학교에 다닐 때는 엄마가 깨워 주셔서 괜찮았다. 아침마다 엄마한테 2) ________를 들어야 해서 귀찮기는 했지만…….

하지만 지금은 서울에 혼자 살면서 회사에 다니기 때문에 회사에 지각할 때가 많다. 오늘도 회사에 늦게 가서 과장님께 크게 3) ________을 맞았다. 같이 일하는 민수 씨도 나 때문에 아침부터 사무실 분위기가 나쁘다고 4) ________을 했다. 그리고 회사 생활을 잘하려면 늦잠 자는 버릇을 고치라고 5) ________을 해 줬다. 나도 일찍 자고 일찍 일어나는 습관을 6) ________고 싶은데 무슨 좋은 방법이 없을까?

불만 dissatisfaction　따끔하게 harshly; severely

문법과 표현 Grammar and Expression

1. V-자마자

연 습 1 [보기]와 같이 문장을 만드세요.

[보기] 회사에 도착하다 / 커피를 마시다
→ 회사에 도착하자마자 커피를 마셔요.

1) 일어나다 / 물을 마시다
→ ______________________________.

2) 운동이 끝나다 / 샤워하다
→ ______________________________.

3) 집에 들어오다 / 손을 씻다
→ ______________________________.

4) 학교에서 돌아오다 / 숙제하다
→ ______________________________.

연 습 2 [보기]와 같이 대화를 완성하세요.

[보기] A : 줄리앙 씨는 언제 고향에 돌아간대요? (방학하다)
B : 방학하자마자 돌아간대요.

1) A : 정우 씨는 언제 결혼할 거래요? (취직하다)
B : ______________________________.

2) A : 줄리앙 씨는 언제 운전을 배웠대요? (대학교에 입학하다)
B : ______________________________.

3) A : 민수 씨는 언제부터 이 회사에 다니기 시작했대요? (대학을 졸업하다)
B : ______________________________.

4) A : 지연 씨는 언제 집들이를 한대요? (이사하다)
B : ______________________________.

연 습 3 [보기]와 같이 대화를 완성하세요.

[보기] A : 어제 집에 가서 뭐 했어요?
B : 집에 가자마자 잤어요.

1) A : 어제 수업 끝나고 뭐 했어요?
B : ______________________.

2) A : 오늘 아침에 일어나서 뭐 했어요?
B : ______________________.

3) A : 어제 퇴근하고 뭐 했어요?
B : ______________________.

4) A : 오늘 학교에 와서 뭐 했어요?
B : ______________________.

연 습 4 [보기]와 같이 문장을 만드세요.

[보기] 밥을 먹다
→ 밥을 먹자마자 눕는 습관은 안 좋아요.

1) 집에 오다
→ ______________________.

2) 식사를 하다
→ ______________________.

3) 아침에 일어나다
→ ______________________.

4) 회사에 출근하다
→ ______________________.

2. V-(으)라고 하다

연 습 1 [보기]와 같이 대화를 완성하세요.

[보기]

A : 왜 벌써 집에 가?

B : 엄마가 오늘 빨리 들어오라고 하셨어.

1)

A : 왜 벌써 출근해요?

B : 사장님이 8시까지 ________________.

2)

A : 어디 아파? 왜 약을 샀어?

B : 룸메이트가 감기약을 ________________.

3)

A : 왜 아직도 안 자?

B : 선생님이 내일까지 ________________.

4)

A : 오늘은 일찍 출근하셨네요.

B : 네, 과장님이 회의에 ________________.

연 습 2 [보기]와 같이 대화를 완성하세요.

[보기]

1)

A : 왜 전화를 걸자마자 금방 끊어요?

B : 민수 씨가 바쁘니까 나중에 다시 ________________

________________.

2)

A : 켈리 씨가 전화해서 뭐라고 했어요?

B : ________________.

3)

A : 줄리앙 씨 만나러 가면서 왜 여행 가방을 가지고 가요?

B : 줄리앙 씨가 ________________.

출근하다 to go to work 발표 원고 manuscript of presentation

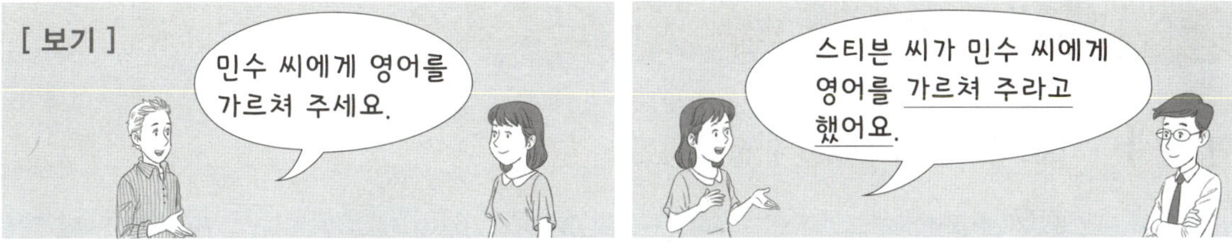

4) 

A : 지금 뭐 해요?

B : 히엔 씨한테 문자 보내고 있었어요.

스티븐 씨가 히엔 씨에게도 이 메시지*를

__________________________________.

5) 

A : 왜 나한테 이 책을 줘?

B : 민수가 너한테 이 책을 ____________________

____________________.

6) 

A : 저 이사하는 거 어떻게 알았어요?

B : 줄리앙 씨가 ______________________________

____________________.

연 습 3 결석한 친구에게 메모한 내용을 보고 [보기]와 같이 전해 주세요.

〈박물관 견학*〉

- 일시 : 7월 12일(수)
- 장소 : 국립 박물관

1) 9시까지 경복궁역 3번 출구 앞으로 오기
2) 늦지 말기
3) 점심은 각자* 준비하기
4) 편안한 신발 신기
5) 카메라 가져오기

[보기]

선생님이 뭐라고 하셨어요?

9시까지 경복궁역 3번 출구 앞으로 오라고 하셨어요.

메시지 message 견학 field trip 각자 each

3. V-느라고

연 습 1 [보기]와 같이 대화를 완성하세요.

> **[보기]** A : 왜 어제 생일 파티에 안 왔어요?
> B : 미안해요. 병원에 가느라고 못 갔어요.
> (병원에 가다)

1) A : 민수 씨, 왜 대답을 안 해요?
   B : 미안해요. 잠깐 ________________ 못 들었어요.
   (다른 생각을 하다)

2) A : 어제 여러 번 문자 보냈었는데 많이 바빴어요?
   B : 미안해요. ________________ 답장을 못 보냈어요.
   (회의하다)

3) A : 주말에 뭐 했어요?
   B : ________________ 바빴어요.
   (아르바이트하다)

4) A : 많이 늦었네요. 저녁은 먹었어요?
   B : 네, ________________ 좀 늦었어요.
   (친구를 만나고 오다)

5) A : ________________ 많이 힘드셨지요?
   (이사하다)
   B : 친구들이 도와줘서 금방 끝났어요.

연 습 2 그림을 보고 [보기]와 같이 이야기해 보세요.

1) 

2) 

3) 

4) 

[보기]

어제 못 잤어요?

네, 늦게까지 영화 보느라고 못 잤어요.

연 습 3 알맞은 말을 고르세요.

1) 어제 다리를 (다쳐서 / 다치느라고) 병원에 갔다 왔어요.

2) (청소해서 / 청소하느라고) 메일을 빨리 확인하지 못했어요.

3) 동생이 음악을 크게 (들어서 / 듣느라고) 공부를 할 수가 없어요.

4) 룸메이트가 (잠꼬대를 해서 / 잠꼬대를 하느라고) 잠을 못 자겠어요.

5) 음식을 (준비해서 / 준비하느라고) 수고하셨습니다.

연 습 4 '–느라고'와 '–아서/어서'를 사용하여 [보기]와 같이 대화를 완성하세요.

[보기] A : 시험 잘 봤어?
B : 아니, 어제 고향 친구가 와서 공부를 많이 못 했어.
(고향 친구가 오다)

1) A : 많이 힘들어 보여요.
B : 그래요? 요즘 ____________ 쉴 수가 없어요.
(일하다)

2) A : 같이 점심 먹으러 갈래?
B : 응, 좋아. 오늘 늦게 ____________ 아침도 못 먹었어.
(일어나다)

3) A : 민수 씨, 피곤해 보이네요.
B : 어젯밤에 룸메이트가 늦게까지 ____________ 잠을 못 잤어요.
(게임하다)

4) A : 빨리 오세요. 기차 시간 다 됐어요.
B : 미안해요. 버스가 ____________ 빨리 올 수가 없었어요.
(늦게 오다)

5) A : 왜 이렇게 눈이 빨개요?
B : ____________ 오랫동안 컴퓨터를 해서 그래요.
(발표 준비하다)

4. 누구나, 언제나, 어디나, 무엇이나, 무슨 N(이)나

연 습 1 [보기]와 같이 대화를 완성하세요.

> **[보기]**
> A : 무슨 음식을 좋아하세요?
> B : 저는 매운 거만 빼고 <u>무엇이나</u> 다 잘 먹어요.

1) A : 저도 마이클 씨처럼 사진을 잘 찍고 싶어요.
   B : 그럼 이 책을 읽어 보세요. 이 책을 보면 ______________ 사진을 잘 찍을 수 있어요.

2) A : 어제 누가 제일 늦게 퇴근했지?
   B : 김민수 씨일 거예요. 민수 씨는 ______________ 사무실에서 제일 늦게 나가는 사람이에요.

3) A : 방값이 너무 올랐어요. 이사를 해야 하는데 월세가 싼 집 없을까요?
   B : 글쎄요. 학교 근처는 ______________ 마찬가지일 거예요.

4) A : 빗자루*를 사고 싶은데 어디에 가면 살 수 있을까?
   B : 저기 '다이써 마트'에 가 봐. 거기에는 ______________ 다 있어.

연 습 2 알맞은 것을 골라 대화를 완성하세요.

> 무슨[어떤, 어느] N(이)나

1) A : 스티븐이 운동을 잘한다고 들었는데 무슨 운동을 잘해요?
   B : 스티븐은 ____.

2) A : 우리 오늘 영화 볼까요? 어떤 영화를 좋아하세요?
   B : ____.

3) A : 함께 차를 마시고 싶은데 다음 주에 무슨 요일이 괜찮아요?
   B : ____.

4) A : 여기 있는 책 중에서 어느 책이 재미있어요?
   B : 여기 있는 책은 ____.

빗자루 broom

연습 3 알맞은 것을 골라 문장을 완성하세요.

누구에게나	어디에(서)나	누구하고나

1) 

길이 막혀도, 주차장이 좁아도 걱정하지 마세요. 이 오토바이만 있으면 ____________ 빠르게 갈 수 있고 쉽게 주차할 수 있습니다. 누구나 쉽게 운전할 수 있는 '탄다' 오토바이, 여러분도 한번 타 보세요.

2) 

얼굴이 큰 사람, 작은 사람, 머리가 긴 사람, 짧은 사람, ____________ 잘 어울리는 새로운 디자인의 선글라스가 이번 여름, 여러분을 더 멋있게 만들어 드립니다.

3) 

웃으면 복이 온다고 하지요? 이야기를 재미있게 하는 사람은 ____________ 쉽게 친구가 될 수 있습니다. 여러분을 인기 있는 사람으로 만들어 줄 단* 한 권의 책! 이번 가을, 꼭 읽어야 할 책입니다.

연습 4 다음을 써 보세요.

내가 좋아하는 사람은
언제나 ________________________________고,
누구나 / 누구에게나 ________________________________,
무엇이나 ________________________________,
어디나 / 어디에서나 ________________________________는 사람입니다.

내가 생각하는 좋은 세상은
언제나 ________________________________는 곳,
누구나 / 누구에게나 ________________________________,
무엇이나 ________________________________,
어떤 / 어느 / 무슨 ____________나 ____________________는 곳입니다.

단 only

문형 연습 Pattern Practice

track 03

연 습 1

[보기] **선생님** (T) 언제 밥을 먹을까요?
학 생 (S) (수업이 끝나다) 수업이 끝나자마자 먹어요.

1. T 언제 차를 마실까요?
   S (식사를 마치다) ______________________.
2. T 언제 여행 갈까요?
   S (방학하다) ______________________.
3. T 언제 회의를 시작할까요?
   S (사장님이 오시다) ______________________.
4. T 언제 동아리 모임을 할까요?
   S (중간시험이 끝나다) ______________________.

연 습 2

[보기] **선생님** (T) 일찍 일어나세요.
학 생 (S) 일찍 일어나라고 했어요.

1. T 책을 읽으세요.
   S ______________________.
2. T 늦게 오지 마세요.
   S ______________________.
3. T 펜 좀 빌려주세요.
   S ______________________.
4. T 이 서류를 민수 씨에게 전해 주세요.
   S ______________________.

연습 3

[보기] **선생님** (T) 아직도 저녁을 못 먹었어요?
학 생 (S) (일하다) 네, 일하느라고 못 먹었어요.

1. T 아직 집에 안 갔어요?
   S (회의 준비하다) 네, ________________.
2. T 요즘 많이 힘들지?
   S (공부하다) 네, ________________.
3. T 요즘도 많이 바빠요?
   S (면접 준비하다) 네, ________________.
4. T 정우야, 늦었구나.
   S (친구 만나고 오다) 네, ________________.

연습 4

[보기] **선생님** (T) 학생들이 모두 열심히 공부해요?
학 생 (S) (우리 학교 학생 / 누구나)
네, 우리 학교 학생은 누구나 열심히 공부해요.

1. T 오늘도 마리코 씨가 제일 일찍 왔어요?
   S (마리코 씨 / 언제나) ________________.
2. T 이 식당 음식이 맛있어요?
   S (이 식당 음식 / 무엇이나) ________________.
3. T 동대문시장에도 사람이 많아요?
   S (시장 / 어디나) ________________.
4. T 그 아이가 컴퓨터 게임을 좋아해요?
   S (요즘 아이들 / 누구나) ________________.

3 비가 이렇게 많이 올 줄 몰랐어요

I didn’t know that it would rain this much

어 휘
- 날씨
  Weather

문법과 표현
- A/V-(으)ㄹ 텐데
- A-(으)냐고 하다[묻다], V-느냐고 하다[묻다], N(이)냐고 하다[묻다]
- A/V-(으)ㄹ 줄 몰랐다
- V-자고 하다

문형 연습

어 휘 Vocabulary

연 습 1 맞는 것끼리 연결하고 문장을 완성하세요.

소나기 •	• 오다
폭우 •	• 내리다
폭설 •	• 불다
태풍 •	• 치다
번개 •	• 나다
천둥 •	• 들다
홍수 •	• 끼다
가뭄 •	
안개 •	

[보기]

A : 날씨가 좋은데 같이 공원에 갈까요?

B : 저도 가고 싶지만 오후에 ___소나기가 올___ 거라고 했어요.

1) 

A : 여보세요? 민수 씨, 지금 ____________________서 못 나가겠어요.

B : 네, 오늘은 너무 춥고 날씨가 나빠서 안 되겠네요. 다음에 만나요.

2) 

A : 왜 비행기 출발 시간이 늦어졌대요?

B : 너무 심하게 ____________________서 출발할 수 없대요.

3) 

A : 어젯밤에 번쩍번쩍* ____________________서 무서웠어요.

B : 저도요. 밤새도록 ____________________서 한숨도 못 잤어요.

4) 

A : 수미 씨 고향에 비가 너무 많이 와서 ____________________대요.

B : 네. 작년에는 비가 안 와서 ____________________는데 올해는 너무 많이 왔대요. 날씨가 정말 이상해졌어요.

5) 

A : 지금 제주도에 ____________________고 있대요.

B : 저도 일기 예보 들었어요. 그래서 한라산에 ____________________고 있대요.

*번쩍번쩍 flash

연습 2 알맞은 단어를 넣어 문장을 완성하세요.

폭설	영하	최고 기온	최저 기온

오늘의 날씨를 말씀드리겠습니다.
오늘은 흐리고 눈이 오겠습니다.
서울의 1) 낮 __________은 영상 6도,
2) __________은 3) __________ 10도로
매우 춥겠습니다. 지역에 따라 4) __________이
내리는 곳도 있겠습니다. 눈은 오후부터 그치겠습니다.
지금까지 오늘의 날씨였습니다.

연습 3 알맞은 단어를 넣어 문장을 완성하세요.

떨어지다	쓰러지다	무너지다	부서지다

1)

머리 위에서 갑자기 간판이 (   )서
피할 수가 없었어요. 괜찮을까요?

2)

거기 119지요? 여기 사람이 (   ).
빨리 구급차*를 좀 보내 주세요.

3)

거기 구청이지요? 태풍 때문에 저희 집 지붕*이
(   ). 빨리 좀 와 주세요.

4)

지진* 때문에 벽이 (   ). 좀 도와주세요.

구급차 ambulance　지붕 roof　지진 earthquake

문법과 표현 Grammar and Expression

1. A/V-(으)ㄹ 텐데

연 습 1 맞는 것끼리 연결하세요.

1) 배고플 텐데 •	• 오늘은 일찍 들어가세요
2) 어제 늦게까지 일해서 피곤할 텐데 •	• 이 장갑을 끼세요
3) 다리가 아플 텐데 •	• 여기 좀 앉으세요
4) 추워서 손이 시릴* 텐데 •	• 먼저 드세요

연 습 2 [보기]와 같이 대화를 완성하세요.

> [보기] A : 우산을 안 가져왔어요.
> B : 비가 올 텐데 어떡하죠?
> (비가 오다)

1) A : 기차표를 아직 안 샀어요.
   B : ______________________ 걱정이네요.
   (표가 없다)

2) A : 아이가 혼자 밖에 나갔대요.
   B : ______________________ 괜찮을까요?
   (위험하다*)

3) A : 핸드폰을 두고 와서 부모님께 전화를 못 했어요.
   B : ______________________ 제 핸드폰으로 전화하세요.
   (걱정하시다)

4) A : 지금 차가 많이 막혀서 좀 늦을 것 같아요.
   B : ______________________ 어떡하죠?
   (영화가 곧 시작하다)

5) A : 이 일은 저 혼자 해 볼게요. 도와주지 않아도 돼요.
   B : ______________________ 괜찮겠어요?
   (시간이 오래 걸리다)

손이 시리다 to have cold hands 위험하다 to be dangerous

연 습 3 [보기]와 같이 대화를 완성하세요.

> **[보기]**
> A : 여기에서 지하철역까지 걸어갈 수 있을까요?
> B : 글쎄요. 좀 멀 텐데요.

1) A : 외국 친구가 이 떡볶이를 잘 먹을까요?
   B : ______________________________.

2) A : 아이에게 소설책*을 선물하면 좋아할까요?
   B : ______________________________.

3) A : 비가 조금 오는데 밖에 나가서 수영해도 괜찮을까요?
   B : ______________________________.

4) A : 오늘 토요일인데 우체국이 문을 열었을까요?
   B : ______________________________.

연 습 4 [보기]와 같이 대화를 완성하세요.

> **[보기]**
> A : 졸업 여행을 같이 못 갈 것 같아. 잘 다녀와.
> B : 너도 같이 가면 좋을 텐데…….

1) A : 나는 영화 못 볼 것 같아. 너희끼리* 봐.
   B : ______________________________.

2) A : 아직 일이 안 끝나서 늦게 퇴근할 것 같아. 먼저 가.
   B : ______________________________.

3) A : 난 지금 바빠서 차 마실 시간이 없을 것 같아. 미안해.
   B : ______________________________.

4) A : 빨리 귀국해야 해서 수료식에 참석 못 할 것 같아.
   B : ______________________________.

소설책 novel; fiction book 끼리 among themselves together

2. A-(으)냐고 하다[묻다], V-느냐고 하다[묻다], N(이)냐고 하다[묻다]

연 습 1 [보기]와 같이 문장을 완성하세요.

> [보기]
> 어머니께 무슨 음식을 만드시느냐고 여쭤봤어요.
> (만들다)

1) 하와이에 사는 친구에게 날씨가 ____________________ 물어보세요.
(어떻다)

2) 병원에 전화해서 점심시간이 ____________________ 물어보세요.
(언제)

3) 엄마가 일이 언제 ____________________ 하셨어요.
(끝나다)

4) 친구에게 요즘 무슨 영화가 ____________________ 물어볼까요?
(재미있다)

5) 친구들이 방학 때 어디에 ____________________ 많이 물어봐요.
(가다)

연 습 2 [보기]와 같이 대화를 완성하세요.

> [보기]
> A : 비가 와도 야외* 공연을 할까요?
> B : 글쎄요. 직원한테 비가 와도 야외 공연을 하느냐고 물어보세요.

1) A : 모임이 몇 시에 끝날까요?
B : 글쎄요. 선배한테 ____________________________________.

2) A : 하와이 여행 갈 때 뭘 가져가면 좋을까요?
B : 글쎄요. 마이클한테 ____________________________________.

3) A : 지금 제주도에도 비가 올까요?
B : 글쎄요. 제주도에 사는 친구에게 ____________________________________.

4) A : 보고서*를 언제까지 내야 한대요?
B : 글쎄요. 교수님께 ____________________________________.

야외 outdoors　보고서 report

연 습 3 [보기]와 같이 대화를 완성하세요.

> [보기]
> A : 주말인데 비행기 표가 있을까요?
> B : 여행사에 전화해서 표가 있느냐고 물어보세요.

1) A : 약국이 몇 시에 문을 닫는지 아세요?
   B : ______________________________.

2) A : 방학인데 김 선생님이 학교에 나오실까요?
   B : ______________________________.

3) A : 한국어 책을 사무실에서 살 수 있을까요?
   B : ______________________________.

4) A : 폭설이 내렸는데 내일 학교에 가야 할까요?
   B : ______________________________.

연 습 4 [보기]와 같이 대화를 완성하세요.

> [보기]
> A : 한국에 왔을 때 한국 사람이 무슨 질문을 많이 했어요?
> B : 어느 나라에서 왔느냐고 물었어요.

1) A : 첫 수업 때 선생님이 뭘 물어봤어요?
   B : ______________________________.

2) A : 회사 면접 때 자주 하는 질문이 뭐예요?
   B : ______________________________.

3) A : 처음 데이트할 때 뭘 물어보고 싶어요?
   B : ______________________________.

4) A : 결혼하는 친구에게 뭘 물어보고 싶어요?
   B : ______________________________.

3. A/V-(으)ㄹ 줄 몰랐다

연 습 1 그림을 보고 [보기]와 같이 대화를 완성하세요.

[보기]

A : 매운탕 맛이 어때요? 꽤 맵지요?

B : 네, <u>매운탕이 이렇게 매울 줄 몰랐어요</u>.

1) 

A : 서울의 거리가 어때요? 좀 복잡하죠?

B : 네, ______________________________.

2) 

A : 한국의 여름 날씨가 어때요? 꽤 덥죠?

B : 네, ______________________________.

3) 

A : 눈이 정말 많이 오네요.

B : 네, ______________________________.

4) 

A : 그 가수 노래 들어 봤어요? 잘하죠?

B : 네, ______________________________.

5) 

A : 영화 재미있게 봤어요? 좀 무섭죠?

B : 네, ______________________________.

6) 

A : 남이섬에 갔다 왔지요? 정말 아름답죠?

B : 네, ______________________________.

7) 

A : 등산 가서 괜찮았어요? 바람이 많이 불었죠?

B : 네, ______________________________.

연 습 2 [보기]와 같이 대화를 완성하세요.

[보기] A : 왜 오늘 교과서를 안 가져왔어요?
B : 죄송해요. 첫날이라서 수업을 할 줄 모르고 안 가져왔어요.
수업을 안 할 줄 알았어요.

1) A : 히엔 씨는 수영 안 해요?
B : 저는 ____________________고 수영복을 안 가져왔어요.
수영을 안 할 줄 알았어요.

2) A : 그렇게 고추장을 많이 넣으면 비빔밥이 매울 텐데요.
B : 어떡하죠? 전 고추장이 ____________________고 많이 넣었네요.
고추장이 안 매울 줄 알았어요.

3) A : 전화도 없이 이렇게 늦게 들어오면 어떡해?
B : 아직까지 안 주무시고 기다리셨어요? ____________________고 전화를 안 했어요.

4) A : 아이들이 먹을 수 있는 안 매운 음식은 없나요?
B : 미안해요. 아이들이 ____________________고
아이들 음식을 준비 안 했어요.

5) A : 비를 맞아서* 원피스가 다 젖었네요*.
B : 네, ____________________고 새 옷을 입고 왔어요.
날씨가 좋을 줄 알았어요.

6) A : 저분이 우리 선생님이세요. 젊고 예쁘시죠?
B : 어머, 어떡해요? 전 ____________________고 반말을 했어요.
학생인 줄 알았어요.

비를 맞다 to get rained on 젖다 to be wet

4. V-자고 하다

연 습 1 그림을 보고 [보기]와 같이 대화를 완성하세요.

[보기]

A : 오늘 유리 씨 안 만나요?

B : <u>유리 씨가 오늘은 바쁘니까 내일 만나자고 했어요</u>.

1)

스티븐

A : 내일 스티븐 씨를 만나서 뭐 하면 좋을까요?

B : ______________________________

______________________________.

2)

샤오밍

A : 약속 없으면 오늘 같이 점심 먹을래요?

B : 미안해요. ______________________________

______________________________.

3)

어머니

A : 갑자기 고향에는 왜 가요?

B : ______________________________

______________________________.

4)

유진

A : 유진 씨가 어디에서 만나자고 했어요?

B : ______________________________

______________________________.

5)

지연

A : 오늘 저녁에 지연 씨 집에는 왜 가요?

B : ______________________________

______________________________.

6)

여자 친구

A : 오늘은 일찍 퇴근하네요.

B : 네, ______________________________

______________________________.

연 습 2 친구와의 전화 통화 내용을 [보기]와 같이 옮겨 말해 보세요.

[보기]

→ 친구가 내일 만나자고 해서 내일은 바쁘니까 주말에 만나자고 했어요.

1) 친구 : 축구 구경 가자.
   나 : 축구 구경 가지 말고 여의도에 꽃구경을 가자.

   → ______________________________.

2) 친구 : 일기 예보에서 뭐라고 했어요?
   나 : 일기 예보를 못 들었어요.

   → ______________________________.

3) 친구 : 주말에 놀이공원에 가자.
   나 : 놀이공원보다 등산 가는 게 더 좋아.

   → ______________________________.

4) 친구 : 방학에 뭐 할 거야?
   나 : 자전거 여행을 가고 싶은데 같이 가자.

   → ______________________________.

5) 친구 : 거기도 날씨가 흐려?
   나 : 여기는 맑은데.

   → ______________________________.

6) 친구 : 내일 카메라를 가져와.
   나 : 카메라는 유진 씨한테 빌려주었는데 아직 못 받았어.

   → ______________________________.

문형 연습 Pattern Practice

track 04

연 습 1

[보기] 선생님 (T) 오늘 눈이 안 오면 좋겠어요.
학 생 (S) (오후에 눈이 오다) 오후에 눈이 올 텐데 어떡하죠?

1. T 시험이 쉬우면 좋겠어요.
   S (시험이 어렵다) ______________________________?
2. T 비행기 표가 싸면 좋겠어요.
   S (비행기 표가 비싸다) ______________________________?
3. T 회의가 빨리 끝나면 좋겠어요.
   S (늦게 끝나다) ______________________________?
4. T 지하철에 앉을 자리가 있으면 좋겠어요.
   S (자리가 없다) ______________________________?

연 습 2

[보기] 선생님 (T) "어느 식당이 맛있어요?"
학 생 (S) 어느 식당이 맛있느냐고 물어봤어요.

1. T "결혼식에 갈 때 어떤 옷을 입고 가요?"
   S ______________________________.
2. T "한국은 여름에 더워요?"
   S ______________________________.
3. T "몸이 아픈데 오늘 일찍 퇴근해도 돼요?"
   S ______________________________.
4. T "한국어 책을 어디에서 살 수 있어요?"
   S ______________________________.

연습 3

> **[보기]** **선생님** (T) 날씨가 춥지요?
> **학 생** (S) 네, 날씨가 이렇게 추울 줄 몰랐어요.

1. T 비가 많이 오지요?

   S ________________________________.

2. T 방학이 빨리 끝났지요?

   S ________________________________.

3. T 한국 음식이 맛있지요?

   S ________________________________.

4. T 학생들이 책을 많이 읽지요?

   S ________________________________.

연습 4

> **[보기]** **선생님** (T) "내일 다시 만납시다."
> **학 생** (S) 내일 다시 만나자고 했어요.

1. T "빨리 갑시다."

   S ________________________________.

2. T "같이 사진을 찍읍시다."

   S ________________________________.

3. T "천천히 걸읍시다."

   S ________________________________.

4. T "한국에서 함께 삽시다."

   S ________________________________.

복습 1

어휘와 문법 Vocabulary and Grammar

1. 정리하기

어휘

1과	입학식 오리엔테이션 신입생 환영회 동아리 축제 졸업식	강의 과목 전공 성적 학점 장학금	(대학교에) 지원하다 (시험에) 합격하다 (입학식에) 참석하다 (장학금을) 신청하다 (동아리에) 가입하다 (체육 대회에) 참가하다
2과	손톱을 깨물다 다리를 떨다 코를 골다 한숨을 쉬다 머리를 긁다 잠꼬대를 하다 다리를 꼬다 이를 갈다	불평을 하다 야단을 치다 잔소리를 하다 조언(을) 하다	버릇을 고치다 습관을 기르다 마음먹다 실천하다 포기하다
3과	소나기가 오다 폭우가 내리다 폭설이 내리다 태풍이 오다 홍수가 나다 가뭄이 들다 안개가 끼다 번개가 치다 천둥이 치다	일기 예보 최고 기온 최저 기온 영상 영하 도	쓰러지다 부서지다 떨어지다 무너지다

문법

1과	A–다고 하다 V–ㄴ다고/는다고 하다 N(이)라고 하다	• 스키 동아리가 재미있**다고 해요.** • 금요일에 신입생 환영회를 **한다고 해요.** • 토니 씨의 전공은 경영학**이라고 해요.**
	V–아야겠다/어야겠다	• 신입생 환영회에 참석하면 여러 사람과 인사할 수 있어서 좋다고 해요. – 그럼 저도 꼭 가**야겠네요.**
	A–다고 들었다 V–ㄴ다고/는다고 들었다 N(이)라고 들었다	• '한국 문화'라는 강의가 좋**다고 들었어요.** • 학기마다 많은 학생들이 신청**한다고 들었어요.** • 그 강의 수강 신청하는 것이 하늘의 별 따기**라고 들었어요.**
	A–대(요) V–ㄴ대/는대(요) N(이)래(요)	• 무슨 동아리가 인기가 있**대요**? – 사물놀이 동아리**래요.** 축제 때마다 공연도 **한대요.**
2과	V 자마자	• 동생이 학교에서 돌아오**자마자** 컴퓨터 게임을 해서 어머니가 야단을 치셨어요.
	V–(으)라고 하다	• 룸메이트 때문에 너무 힘들어서 기숙사 조교한테 방을 바꿔 달**라고 했어.**
	V–느라고	• 피곤해 보이네요. – 네, 발표 준비를 하**느라고** 잠을 못 잤어요.
	누구나, 언제나, 어디나, 무엇이나, 무슨 N(이)나	• 출퇴근 시간에는 **언제나** 길이 막혀요. • 어머니가 만드시면 **무슨** 음식**이나** 다 맛있어요.
3과	A/V–(으)ㄹ 텐데	• 주말에는 제주도에 가는 사람이 많**을 텐데** 비행기 표가 있을까?
	A–(으)냐고 하다[묻다] V–느냐고 하다[묻다] N(이)냐고 하다[묻다]	• 친구가 주말에 바쁘**냐고 물었어요.** • 친구가 시간이 있으면 뭘 하**느냐고 했어요.** • 한국 사람들이 어느 나라 사람**이냐고** 자주 **물어봐요.**
	A/V–(으)ㄹ 줄 몰랐다	• 한국의 여름이 이렇게 더**울 줄 몰랐어요.**
	V–자고 하다	• 알리 씨가 오늘 뭐 하자고 했어요? – 날씨가 좋으니까 자전거 타러 가**자고 했어요.**

2. 확인하기

어휘 확인

1. 다음 빈칸에 알맞은 말을 찾아 쓰세요.

영상	신청하다	기르다	고치다	영하
참석하다	태풍	폭설	잔소리	조언

1) 영수야, 다리 떠는 버릇 좀 ____________면 좋겠어.
2) 엄마, 공부하라는 ____________ 좀 그만하시면 안 돼요?
3) 말하기 대회에 참가할 사람은 사무실 직원에게 ____________ 주세요.
4) 동아리 설명회가 있으니까 많이 ____________ 달라고 신입생들에게 전해 주세요.
5) 제주도 남쪽 바다에서부터 ____________이 올라오고 있습니다. 우리 모두 조심합시다.
6) 낮 기온은 3도 정도 되겠고 밤에는 ____________ 10도까지 내려가서 매우 춥겠습니다.

2. 다음 빈칸에 공통으로 들어갈 단어는 무엇입니까? 문장에 맞게 쓰세요.

1) □□

가) 한국에서는 할아버지께 반말로 말하면 ____________없다고 생각해요.

나) 저는 아침에 일어나자마자 과자를 먹는 ____________이 있어요.

2) □□

가) 여기 있는 옷들 중에 마음에 ____________ 걸로 골라 봐.

나) 오랫동안 가뭄이 ____________서 나무와 꽃들이 많이 죽었다.

3) □□□□

가) 열심히 공부했기 때문에 합격할 줄 알았는데 시험에 ____________.

나) 밖으로 나가자마자 머리 위로 굵은 빗방울이 ____________ 시작했다.

문법 확인

1. 다음에서 적당한 문형을 골라서 대화를 완성해 보세요.

-(으)ㄹ 텐데	-다고/라고/자고/느냐고 하다	-느라고
-(으)ㄹ 줄 몰랐다	-자마자	-아야/어야겠다

1) A : 왜 숙제를 못 했어요?
   B : ____________________.

2) A : 준서야, 양치질했니?
   B : ____________________.

3) A : 아까 그 친구가 뭐라고 했어요?
   B : ____________________.

4) A : 지난 방학에 부산에 갔다 왔다고 들었어요. 어땠어요?
   B : ____________________.

5) A : 가수 마이유가 부른 '너의 편지'라는 노래가 아주 좋은데 들어 봤어요?
   B : ____________________.

6) A : 12월에 호주에 여행 가려고 따뜻한 코트를 샀어요. 어때요? 잘 어울려요?
   B : ____________________.

2. 다음 문장에서 틀린 부분을 찾아 맞게 고쳐 보세요.

1) 교수님께서 전공 수업이 중요해요.
   → ____________________.

2) 미안해요. 케이크를 사고 늦었어요.
   → ____________________.

3) 제 외국 친구가 한국말을 잘 못할 테니까 한국 구경을 잘할 수 있을까요?
   → ____________________?

3. 평가하기

제한 시간 15분 | 내 점수 : / 17

[1–3] 무엇에 대한 이야기입니까? 알맞은 것을 고르십시오.

1. 3월에 강의를 신청하고 듣습니다. 5월에 축제를 합니다.
   ① 대학 생활 ② 동아리 가입 ③ 공부 방법 ④ 시간 사용

2. 제 룸메이트는 눕자마자 코를 곱니다. 룸메이트 때문에 잠을 잘 수가 없어요.
   ① 조언 ② 잔소리 ③ 불평 ④ 꾸중

3. 서울은 오후부터 비가 오겠고 주말에는 맑겠습니다. 제주도는 내일 아침 안개가 심하게 끼겠습니다.
   ① 일기 예보 ② 나라 소개 ③ 주말 계획 ④ 도시 안내

[4–7] 빈칸에 제일 알맞은 것을 고르십시오.

4. 이번 학기에 18(   )을 신청했는데 과목마다 과제가 많아서 너무 힘들어요.
   ① 수업 ② 학점 ③ 성적 ④ 장학금

5. 밤새도록 폭우가 내렸습니다. (   )이 치고 바람도 심하게 불었습니다.
   ① 태풍 ② 천둥 ③ 가뭄 ④ 폭설

6. 저는 지각하는 (   )이 있는데 고치고 싶어요.
   ① 생각 ② 생활 ③ 버릇 ④ 수업

7. 면접을 볼 때 다리를 (   ) 앉으면 곤란해요.
   ① 꼬고 ② 하고 ③ 골고 ④ 가고

[8–10] 다음 밑줄 친 부분과 바꿀 수 있는 것을 고르십시오.

8. 매일 운동하는 습관을 <u>기르면</u> 좋아요.
   ① 있으면 ② 가지면
   ③ 들으면 ④ 잘하면

9. 국제 경영학을 공부하고 싶어서 국제 대학원에 지원하게 되었습니다.
① 신청하고 ② 참가하고
③ 합격하고 ④ 전공하고

10. 태풍이 와서 나무가 쓰러졌어요.
① 들어서 ② 나서
③ 불어서 ④ 내서

[11-14] 빈칸에 제일 알맞은 것을 고르십시오.

11. '한국 문학' 수업이 재미있다고 하니까 꼭 ( ).
① 신청해야겠어요 ② 신청할 텐데요
③ 신청할 줄 몰라요 ④ 신청하느냐고 했어요

12. 선배한테서 스페인어 강의가 ( ).
① 재미있다고 했어요 ② 재미있다고 들었어요
③ 재미있느냐고 했어요 ④ 재미있으라고 했어요

13. 아까 회의를 ( ) 전화를 못 받았어요.
① 할 때마다 ② 하려면
③ 하느라고 ④ 했어서

14. 저는 운동이 ( ) 샤워하는 습관이 있어요.
① 시작하느라 ② 시작할 때마다
③ 끝날 텐데 ④ 끝나자마자

[15-17] 다음 밑줄 친 부분과 의미가 비슷한 것을 고르십시오.

15. 아침에 하늘이 맑아서 오후에 비가 올 줄 몰랐다.
① 비가 안 오겠다. ② 비가 안 오라고 했다.
③ 비가 안 왔으면 좋겠다. ④ 비가 안 올 거라고 생각했다.

16. 밖이 추울 텐데 따뜻한 옷을 입고 가세요.

① 추워서 ② 추울 때마다

③ 춥다고 하면 ④ 추울 테니까

17. 신입생 환영회에 꼭 참석해야 된대요.

① 참석하세요. ② 참석합시다.

③ 참석해야 돼요? ④ 참석해야 된다고 들었어요.

듣기 Listening

track 05 내 점수 : / 16

[1-2] 잘 듣고 알맞은 그림을 고르십시오.

1. ①

②

③

④

2. ① 대학생들의 동아리 가입 이유
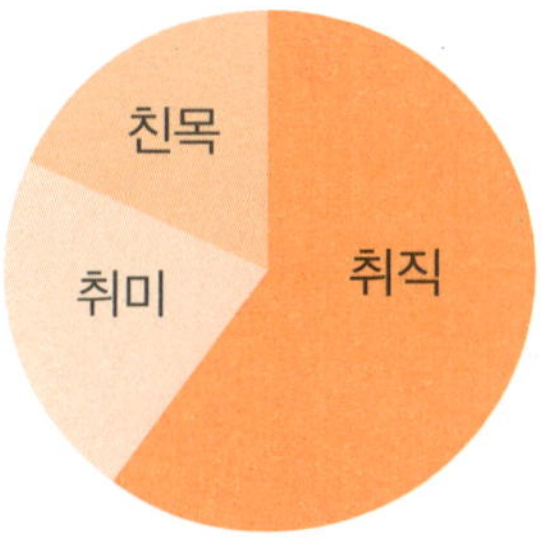

② 신입생들이 가입하고 싶은 동아리
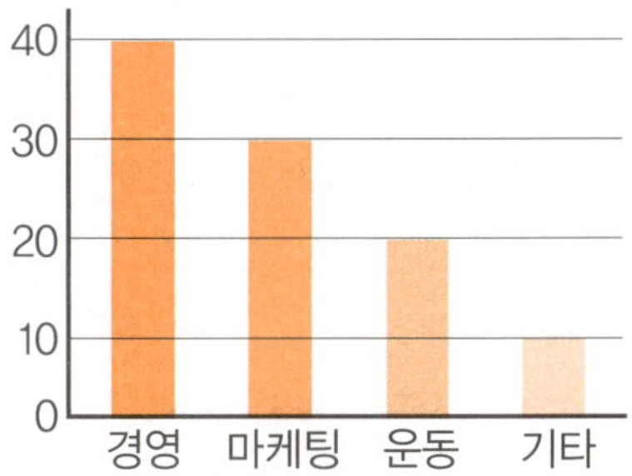

③ 신입생들의 취미 생활
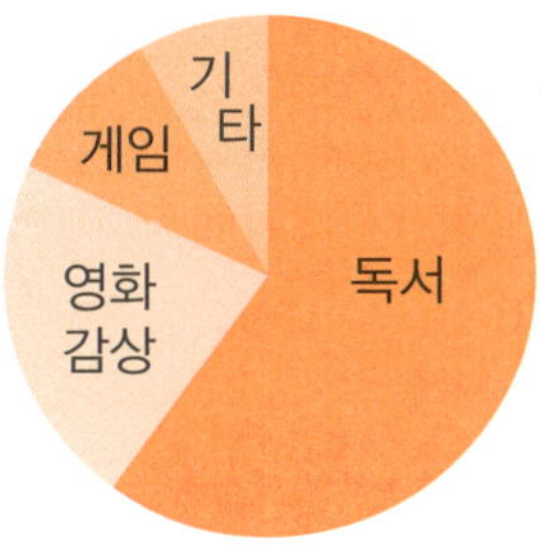

④ 대학생 때 꼭 해 봐야 하는 것
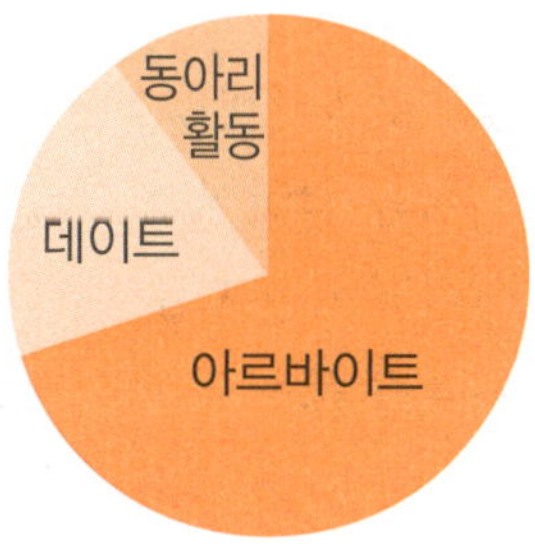

[3-5] 다음 대화를 잘 듣고 이어질 수 있는 말을 고르십시오.

3. ① 집에 가서 룸메이트하고 잘 이야기해 봐.
   ② 룸메이트 때문에 많이 힘들 텐데 걱정이야.
   ③ 정말 잘됐다. 앞으로는 편하게 잘 수 있겠네.
   ④ 그래. 네가 휴게실로 가는 게 훨씬 좋을 거야.

4. ① 나도 그러고 싶은데 내일 눈이 온대.
   ② 정말 잘됐다. 우리 어디에서 만날까?
   ③ 정말? 그럼 내일은 등산이나 가야겠다.
   ④ 그래? 내일은 안 되겠네. 좀 따뜻해지면 같이 가자.

5. ① 미안해. 바빠서 도와줄 수 없을 것 같아.
   ② 계속 다리가 아프면 병원에 가 보는 게 어때?
   ③ 너무 긴장하지 마. 열심히 공부했으니까 잘 볼 수 있을 거야.
   ④ 괜찮아. 나는 옆 사람이 다리를 떨어도 아무렇지 않으니까 신경 쓰지 마.

[6-8] 다음 대화를 잘 듣고 여자가 이어서 할 행동으로 알맞은 것을 고르십시오.

6. ① 남자한테 사과한다.
   ② 음식물 쓰레기봉투를 사러 간다.
   ③ 집주인 아주머니에게 물어보러 간다.
   ④ 남자에게 쓰레기봉투를 달라고 부탁한다.

7. ① 퇴근한다.
   ② 우산을 사러 간다.
   ③ 저녁 먹을 준비를 한다.
   ④ 남자와 회의 자료를 준비한다.

8. ① 밖으로 나간다.
   ② 시계를 찾아본다.
   ③ 남자에게 문자를 보낸다.
   ④ 시계를 풀어서 제자리에 놓는다.

[9-10] 다음을 듣고 내용과 일치하는 것을 고르십시오.

9. ① 남자와 여자는 함께 MT를 갈 것이다.
   ② 두 사람만 인천까지 전철을 타고 가기로 했다.
   ③ 남자는 요즘 시험 공부하느라고 제대로 놀지 못했다.
   ④ 여자는 아르바이트 때문에 남자와 함께 가지 못한다.

10. ① 내일부터 장마가 시작된다.
   ② 오늘 낮 최고 기온은 30도 정도였다.
   ③ 다음 주까지 시원한 날씨가 계속되겠다.
   ④ 내일 소나기가 내리면 지붕이 부서질 수 있으니 미리 준비해야 한다.

[11-12] 다음을 듣고 남자의 중심 생각을 고르십시오.

11. ① 책 읽는 습관을 길러야 한다.
   ② 일찍 자는 습관을 길러야 한다.
   ③ 휴대폰을 절대 사용하지 않아야 한다.
   ④ 휴대폰을 오래 보는 습관을 고쳐야 한다.

12. ① 비가 오면 짜증이 난다.
   ② 비가 내리면 실내에 있는 것이 좋다.
   ③ 운동을 하려면 스포츠 센터에 다녀야 한다.
   ④ 비가 내린다고 집에만 있는 것은 건강에 안 좋다.

[13-14] 다음을 듣고 물음에 답하십시오.

13. 남자의 중심 생각으로 맞는 것을 고르십시오.
   ① 취직 준비는 미리미리 해야 한다.
   ② 하고 싶은 것을 잠시 미루고 미래를 위해 노력해야 한다.
   ③ 책을 읽고 외국어를 공부하는 것은 대학 생활에서 꼭 필요하다.
   ④ 대학에서 사람들과 함께 많은 경험을 하는 게 취직 준비보다 중요하다.

14. 들은 내용으로 맞는 것을 고르십시오.
① 여자는 지금의 생활이 즐겁지 않다.
② 여자는 좋은 회사에 취직하고 싶어서 대학교에 입학했다.
③ 남자는 대학 생활을 재미있게 하지 못해서 후회하고 있다.
④ 여자는 남자에게 대학 생활에 도움이 되는 말을 해 주고 있다.

[15-16] 다음을 듣고 물음에 답하십시오.

15. 여자의 중심 생각으로 맞는 것을 고르십시오.
① 간단한 생활 습관으로 감기를 예방할 수 있다.
② 요즘 공기가 차고 건조해서 감기에 걸리기 쉽다.
③ 겨울철에는 아플 때마다 병원에 가는 게 중요하다.
④ 감기에 걸렸을 때에는 따뜻한 차를 자주 마시는 게 좋다.

16. 들은 내용으로 맞는 것을 고르십시오.
① 건강을 지키기 위해 생활 습관을 모두 바꿔야 한다.
② 감기에 걸리지 않으려면 미리 예방 주사를 맞아야 한다.
③ 감기를 예방하려면 집에서도 모자를 쓰는 습관을 길러야 한다.
④ 외출 후에 손과 발을 깨끗하게 씻으면 감기에 쉽게 걸리지 않는다.

읽기와 쓰기 Reading and Writing

제한 시간 20분　　내 점수 :　　　　/ 16

[1] 다음은 무엇에 대한 글인지 고르십시오.

> 즐겁고 신나는 대학 생활을 원하십니까?
> 사물놀이를 한 번도 해 보지 않은 사람도 환영합니다.
> 공부하면서 생긴 스트레스도 풀고 선후배와 즐거운 시간도 보낼 수 있습니다.
> 지금 곧 학생회관 402호로 오세요.

① 수강 신청　　② 오리엔테이션
③ 동아리　　④ 대학교 축제

[2] 다음 안내문의 내용과 같은 것을 고르십시오.

> **하이 서울 자전거 타기 대회 안내**
>
> • 일시 : 2015년 5월 5일(일) 오전 10시~오후 1시
> • 장소 : 올림픽공원(출발)~서울 시청 앞 광장(도착)
> • 참가 자격 : 자전거를 탈 수 있는 서울 시민 누구나
> • 참가비 : 무료
> • 준비물 : 자전거, 헬멧
>
> ※ 참가한 모든 분에게 음료수와 기념 수건을 드립니다.
> ※ 비가 오면 5월 12일(일)로 대회를 연기합니다.

① 자전거는 서울시에서 빌려준다.
② 오전 10시에 올림픽 공원에서 출발한다.
③ 5월 5일과 12일에 자전거 타기 대회가 열린다.
④ 참가비를 낸 모든 사람에게 음료수와 기념 수건을 준다.

[3] **다음 일기 예보를 보고 내용과 같은 것을 고르십시오.**

[내일의 날씨]

① 내일 아침에 제일 추운 도시는 춘천이다.
② 내일 최고 기온이 제일 높은 곳은 서울이다.
③ 내일 대전과 전주에서는 눈이 내릴 것이다.
④ 제주도는 내일 전국에서 일교차가 가장 큰 곳이다.

[4] **다음을 읽고 순서대로 맞게 나열한 것을 고르십시오.**

(가) 이 미술관은 지난 9월 태풍으로 간판이 떨어지고 벽이 무너지는 등 큰 피해를 입었다.
(나) 서울시립미술관이 10월부터 두 달 동안 문을 닫는다.
(다) 미술관을 고치는 동안 중요한 작품들은 서울 시청 도서관에서 볼 수 있다.
(라) 또 미술관 앞 큰 나무가 쓰러져서 지붕도 부서져서 수리를 해야 한다고 한다.

① (가)-(다)-(라)-(나)　　② (가)-(다)-(나)-(라)
③ (나)-(가)-(라)-(다)　　④ (나)-(라)-(다)-(가)

[5-6] 다음을 읽고 물음에 답하십시오.

요리와 식사를 할 때마다 언제나 나오는 음식물 쓰레기 냄새 때문에 힘들고 쓰레기봉투 값도 많이 든다고요?
음식물 쓰레기, 이제 '씽씽이'에 넣고 갈아 주세요.
쉽고 편하게 음식물 쓰레기도 (   ) 쓰레기봉투 값도 아낄 수 있습니다.
시장에 나오자마자 인기 폭발!
늦기 전에 지금 바로 전화하세요.

5. (   )에 들어갈 알맞은 것을 고르십시오.
   ① 고치고   ② 버리고   ③ 만들고   ④ 지키고

6. 이 글의 내용과 같은 것을 고르십시오.
   ① '씽씽이'를 쓰면 냄새가 많이 난다.
   ② '씽씽이'를 쓰면 쓰레기봉투 값이 덜 든다.
   ③ '씽씽이'는 요리를 빨리 할 수 있게 해 준다.
   ④ '씽씽이'를 시장에서 사용하면 매우 위험하다.

[7-8] 다음을 읽고 물음에 답하십시오.

남편이 잠을 잘 때마다 심하게 코를 골아서 불평하는 주부들이 많다. 그러나 잠을 잘 때 코를 고는 것은 그냥 나쁜 잠버릇이 아니라 사실은 치료가 필요한 병이라고 의사들은 말한다. 피곤할 때 가끔 코를 고는 것은 괜찮지만 잘 때마다 심하게 코를 고는 것은 코나 목에 이상이 있기 때문이다. 이런 경우에는 코로 숨을 쉬지 못하고 입으로 숨을 쉬게 되는데 자다가 숨을 쉴 수 없어서 갑자기 (   ). 그러므로 코골이가 심하면 병원을 찾아 약이나 수술로 치료할 방법을 찾는 것이 좋다.

7. (   )에 들어갈 알맞은 것을 고르십시오.
   ① 잠을 잘 수도 있다   ② 코를 골 수도 있다
   ③ 잠꼬대를 할 수도 있다   ④ 죽을 수도 있다

8. 이 글의 중심 생각을 고르십시오.
   ① 코를 심하게 골면 숨을 쉬기가 어렵다.
   ② 주부들의 가장 큰 불만은 남편이 코를 고는 것이다.
   ③ 코를 심하게 고는 사람은 병원에 가서 치료를 받는 게 좋다.
   ④ 피곤할 때 가끔 코를 고는 것은 건강에 매우 좋은 습관이다.

[9] 다음 글의 주제로 가장 알맞은 것을 고르십시오.

한 대학에서 운동이 개인의 생활을 어떻게 바꾸는지 연구했다. 그 결과 일주일에 한 번 운동을 하는 습관을 기르면 생활의 다른 부분들까지도 모르는 사이에 변하기 시작한다는 것을 알게 되었다. 예를 들면 운동을 시작하면 식사 습관이 좋아지고, 직장에서 일도 더 열심히 하게 된다. 담배도 덜 피우고, 친구나 가족들이 실수해도 잘 참을 수 있게 된다. 신용 카드도 적게 사용하고 스트레스도 덜 받는다고 한다. 그러므로 좋은 생활 습관을 기르고 싶은 사람은 먼저 운동을 시작하는 것이 좋다고 한다.

① 운동을 하면 일을 잘하게 된다.
② 운동하는 습관은 개인의 생활을 좋게 바꾼다.
③ 운동을 하면 생활의 다른 부분은 몰라도 된다.
④ 담배를 덜 피우면 운동을 더 열심히 하게 된다.

[10] 다음 글에서 〈보기〉의 문장이 들어가기에 가장 알맞은 곳을 고르십시오.

이번 주 '대학과 사람'에서는 다음 달에 국제 대학원을 졸업하는 네팔 유학생 쿨 씨를 만났다. (㉠) 쿨 씨는 대학원에서 국제 정치학을 공부했는데 고향에 돌아가자마자 외교관 시험을 볼 거라고 한다. (㉡) 왜냐하면 한국에 사는 동안 정이 많이 들어서 한국이 제2의 고향 같기 때문이라고 했다. (㉢) 또 힘들 때마다 옆에서 조언도 해 주고 따뜻하게 도와준 친구들에게 고맙다는 인사를 전해 달라고 했다. (㉣)

〈보기〉 그리고 외교관이 되면 꼭 한국에 와서 일하고 싶다고 했다.

① ㉠ ② ㉡ ③ ㉢ ④ ㉣

[11-13] **다음을 읽고 물음에 답하십시오.**

김 선생님,

그동안 안녕하셨어요?

제가 한국에 온 지도 벌써 6개월이 지났네요. (   ) 선생님께서 태국에서 잘 가르쳐 주신 덕분에 저는 한국에 오자마자 잘 적응하고 즐겁게 유학 생활을 하고 있어요. 곧 후배들이 한국에 온다고 하니 정말 기뻐요. 지금은 시험 공부하느라고 바쁘지만 그때는 방학이니까 후배들이 오는 날 제가 공항에 마중 나갈게요.

그런데 요즘 한국이 정말 추워요. 오늘도 최저 기온이 영하 10도였는데 당분간 이런 추운 날씨가 계속될 거래요. 후배들도 이런 추운 날씨가 처음이라서 힘들 텐데 미리 따뜻한 옷을 준비해 오라고 해 주세요. 그리고 기숙사가 살기 편하고 근처에 괜찮은 태국 음식점도 있으니까 학교 생활 걱정은 하지 말라고 전해 주세요.

그럼 또 연락드리겠습니다.

안녕히 계세요.

까이 올림.

11. 이 글을 쓴 사람은 누구입니까?
① 외국에서 유학하는 한국 학생
② 한국에서 유학하는 외국 학생
③ 외국에서 한국어를 가르치는 선생님
④ 한국에서 유학하려고 준비하는 외국 학생

12. (   )에 들어갈 문장으로 가장 알맞은 것을 고르십시오.
① 시간이 정말 빨리 지나간대요.
② 시간이 빨리 지나갈지 모르겠어요.
③ 시간이 정말 빨리 지나간다고 들었어요.
④ 시간이 이렇게 빨리 지나갈 줄 몰랐어요.

13. 이 글의 내용과 같은 것을 고르십시오.
① 이 사람은 태국에서 한국어를 6개월 동안 배웠다.
② 이 사람은 후배에게 따뜻한 옷을 가져와 달라고 부탁했다.
③ 이 사람은 한국에서의 유학 생활이 즐겁고 편하다고 생각한다.
④ 이 사람은 후배들이 와서 기쁘지만 시험 기간이라 바빠서 공항에는 나갈 수 없다.

[14-15] 다음을 읽고 (   )에 들어갈 말을 각각 한 문장으로 쓰십시오.

〈한국 유학 생활 안내〉

1. 외국인 등록

외국인 유학생은 입국 후 90일 안에 출입국관리사무소에 가서 외국인 등록증을 만들어야 합니다. 이 외국인 등록증은 14. (   )

2. 숙소

학교 밖에서 방을 구할 때는 부동산을 이용하는 것이 좋습니다. 이때 인터넷이 되는지, 15. (   )지 등을 꼭 물어봐야 합니다.

[16] 다음 표를 완성한 후 건강에 좋은 습관과 나쁜 습관에 대해 쓰고, 건강에 좋은 습관을 기르기 위해서 어떻게 해야 하는지 쓰십시오. (200~300자)

건강에 좋은 습관	건강에 나쁜 습관
①	① 아침을 먹지 않는다.
② 하루에 7시간 정도 충분히 잔다.	②
③	③

건강에 좋은 습관과 나쁜 습관

발음 Pronunciation

1. 잘 들어 보세요. track 06

1. 오리엔테이션에 참석할 거예요?
2. 게임 좀 그만해.
3. 한국말을 참 잘하시네요.

2. 잘 듣고 발음에 주의하여 읽어 보세요. track 07

1. 주말에는 항상 길이 막혀요.
2. 그만 놀고 숙제 좀 해.
3. 잠시만 기다려 주세요.
4. 기타를 참 잘 치시네요.

3. 친구와 연습해 보세요. track 08

1. A : 졸업한 지 10년이 지났어.
   B : 벌써 그렇게 됐어?

2. A : 방 좀 깨끗이 써.
   B : 알았어. 당신도 잔소리 좀 그만해.

3. A : 선생님, 다시 한번 설명해 주세요.
   B : 좋아요. 잘 들으세요.

4. A : 오후부터 비가 올 거래요.
   B : 그래서 그런지 하늘이 흐리네요.

말하기 Speaking

1. '청개구리 이야기'를 읽어 보세요.

2. 읽은 내용을 친구에게 이야기해 주세요.

> 옛날에 엄마 말을 듣지 않고 항상 반대로 하는 청개구리가 있었어요. 엄마가 '개굴개굴'이라고 말하라고 하면 '굴개굴개'라고 하고…….

옛날 a long time ago　청개구리 green frog　강가 riverside　무덤 grave　소원 wish　떠내려가다 to be carried away

역할극 하기 Role-play

A와 B로 역할을 나누어 이야기해 보세요.

1. 누가 어떤 역할을 할지 정하세요.

A	B
한국에 처음 유학 왔습니다. 집을 구할 때까지 먼저 유학 온 친구의 집에서 지내게 되었습니다. 한국 생활에 대해 잘 모르기 때문에 여러 가지를 알고 싶습니다.	고향 친구가 한국으로 유학 왔습니다. 친구의 학교 생활과 집 구하기 등을 도와줘야 합니다. 친구에게 필요한 정보를 알려 주세요.

2. 잠깐 생각해 봅시다.

A	B
1. 인사 • 방을 빌려준 것에 대한 감사 인사하기 • 고향 소식 전하기 • 친구 어머니가 부탁한 물건 전해 주기 **2. 주변 정보 묻기** • 학교와 집 주변 정보에 대해 질문하기 **3. 생활 습관이나 함께 지내는 동안 꼭 해야 될 것, 조심해야 될 것 질문하기** **4. 구하고 싶은 집에 대해 정보 주기**	**1. 인사** • 유학 계획에 대해 묻기 • 선물에 대한 감사 인사하기 **2. 필요한 정보 주기** • 음식 / 편의점 / 쓰레기 처리 등 **3. 생활 습관이나 함께 지내는 동안 조심해야 될 것에 대해 말하기** **4. 부동산에서 미리 알아본 집 정보 주기**

3. 친구와 역할극을 해 보세요.

4 먹어 보니까 맛있던데요

Having tasted it, it was delicious

어 휘

- 음식과 요리
  Food and cooking

문법과 표현

- A-(으)ㄴ가 보다, V-나 보다, N인가 보다
- N(이)나
- V-아/어 보니(까)
- A/V-던데(요)

문형 연습

어 휘 Vocabulary

연 습 1 다음을 읽고 아래의 대화를 완성하세요.

불고기 만들기

• 재료 : 쇠고기, 간장, 설탕, 파, 마늘, 깨소금, 참기름, 후추

1. 마늘을 다지고 파는 잘게 썬다.
2. 그릇에 파, 마늘, 간장, 설탕, 깨소금, 참기름, 후추를 넣고 잘 저어서 양념을 만든다.
3. 양념에 쇠고기를 넣어 잘 섞는다.
4. 30분쯤 그대로 둔다.
5. 고기를 프라이팬에 굽는다.

1) A : 불고기를 만들려면 무슨 재료가 필요해요?

B : 우선 쇠고기가 필요하고 양념으로 파, 마늘, ________, ________, 깨소금, 참기름, 그리고 ________가 필요해요.

2) A : 파와 마늘은 어떻게 준비할까요?

B : 파는 잘게 ________고 마늘은 ________세요.

3) A : 양념을 만든 후에 무엇을 하면 돼요?

B : 양념에 쇠고기를 넣고 잘 ________요.

4) A : 양념을 다 했는데 이제 구워도 되나요?

B : 아니요, 양념을 해 두고 30분쯤 후에 ________면 불고기가 더 맛있어요.

연습 2 맞는 것끼리 연결하고 문장을 완성하세요.

튀기다 •	• 
굽다 •	• 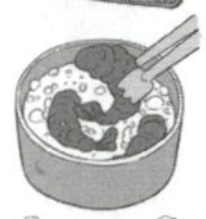
찌다 •	• 
부치다 •	• 
볶다 •	• 

1) 저는 감자튀김처럼 기름에 __________ 음식을 별로 안 좋아해요.

2) 한국 사람은 비가 오는 날에 김치전을 __________서 먹어요.

3) 밀가루, 계란, 베이킹파우더를 잘 섞어서 오븐에 __________면 빵이 돼요.

4) 냉장고에 떡이 있는데 딱딱하니까 __________서 먹을까요?

연습 3 알맞은 단어를 넣어 문장을 완성하세요.

바르다	찍다	싸다	말다

1) 

여기 상추가 있어요.
상추에 고기를 __________서 드세요.

2) 

입맛이 없으세요?
그러면 국에 밥을 __________서 드세요.

3) 

해물 파전이 싱거우면 간장에 __________서 드세요.

4) 

버터와 잼을 가져왔어요.
빵에 __________서 드세요.

문법과 표현 Grammar and Expression

1. A-(으)ㄴ가 보다, V-나 보다, N인가 보다

연 습 1 그림을 보고 [보기]와 같이 대화를 완성하세요.

[보기]

아프다

A : 민수 씨가 오늘도 학교에 안 왔네요.

B : 네, 많이 아픈가 봐요.

1) 

배가 고프다

A : 아이가 자꾸 빵을 사 달라고 하네요.

B : 네, ______________________.

2) 

소개팅이 있다

A : 샤오밍 씨가 오늘 아주 멋있게 입고 왔네요.

B : 네, ______________________.

3) 

시험이 어렵다

A : 유진 씨는 아직도 시험을 보고 있나요?

B : 네, ______________________.

4) 

영화가 재미있다

A : 사람들이 저 영화를 많이 보네요.

B : 네, ______________________.

연 습 2 [보기]와 같이 대화를 완성하세요.

[보기] A : 학교에 왜 이렇게 사람이 많지? (졸업식을 하다)

B : 졸업식을 하나 봐요.

1) A : 유진 씨는 지금 뭐 해요? (여행을 가다)

B : 가방을 싸고 있어요. ______________________.

2) A : 스티븐 씨는 부엌에서 뭐 해요? (간식을 만들다)

B : 아까 출출하다고 했는데 ______________________.

3) A : 켈리 씨가 전화를 왜 안 받을까요? (자다)

B : 어젯밤에 잠을 못 잤다고 했는데 ______________________.

4) A : 줄리앙 씨가 한턱낸대요*. 무슨 좋은 일 있어요? (상을 받았다)

B : 시험을 잘 봐서 ______________________.

* 한턱내다 to treat

연 습 3 그림을 보고 [보기]와 같이 문장을 완성하세요.

[보기]

저 사람은 수영을 정말 잘하네요.
<u>수영 선수인가 봐요</u>.

1)

마이클 씨가 요즘 언제나 저 여자하고 같이 다니네요.

______________________________.

2)

두 아이가 정말 닮았네요.

______________________________.

3)

학생들이 도서관에서 밤늦게까지 공부를 하고 있네요.

______________________________.

4)

요즘 여기저기 기침하는 사람들이 많네요.

______________________________.

연 습 4 다음 대화를 완성하세요.

1) A : 바바라 씨의 눈이 빨개요. 많이 운 것 같아요.

B : ______________________________.

2) A : 샤오밍 씨가 밥을 세 그릇이나 먹었어요.

B : ______________________________.

3) A : 유진 씨가 오늘 예쁜 반지를 끼고 있네요.

B : ______________________________.

4) A : 민수 씨가 왜 저렇게 뛰어가지요?

B : ______________________________.

2. N(이)나

연 습 1 [보기]와 같이 대화를 완성하세요.

> [보기] A : 벌써 1시네요. 같이 점심 먹으러 가요. (빵, 사 먹다)
>
> B : 전 바빠서 빵이나 사 먹으려고 해요.

1) A : 방학 때 같이 여행 갈래요? (책, 읽다)
   B : 전 돈이 없어서 도서관에서 ______________________.

2) A : 오후에 뭐 할 거예요? (영화, 보다)
   B : 심심해서 ______________________.

3) A : 저녁에 뭐 먹을래요? (죽, 먹다)
   B : 속이 안 좋아서 ______________________.

4) A : 시험 끝나고 뭐 할 거예요? (잠, 자다)
   B : 너무 피곤해서 ______________________.

연 습 2 [보기]와 같이 대화를 완성하세요.

> [보기] A : 배가 불러서 저녁은 못 먹겠어요.
>
> B : 그럼 차나 함께 마시자.

1) A : 날씨가 더워서 운동하기 싫어요.
   B : ______________________.

2) A : 공연을 보려면 조금 기다려야 하는데 뭐 할까요?
   B : ______________________.

3) A : 냉장고에 주스가 없네요.
   B : ______________________.

4) A : 주말에 비가 온다고 하니까 수영장엔 못 갈 것 같아.
   B : ______________________.

3. V-아/어 보니(까)

연습 1 [보기]와 같이 대화를 완성하세요.

> [보기] A : 파전을 먹어 보니까 어땠어요? (파전을 먹다)
> B : 고소하고 맛있었어요.

1) A : ______________________ 어땠어요? (번지 점프를 하다)
   B : 처음에는 무서웠지만 괜찮았어요.

2) A : ______________________ 어때요? (한국어를 배우다)
   B : 아직 처음이라서 잘 모르지만 재미있는 것 같아요.

3) A : ______________________ 어때요? (그 회사에 다니다)
   B : 일도 재미있고 사람들도 좋아요.

4) A : ______________________ 어땠어요? (한국 음식을 먹다)
   B : 생각보다 맵지 않고 맛있었어요.

5) A : ______________________ 어땠어요? (이 책을 읽다)
   B : 저에게 조금 어려웠지만 재미있었어요.

연습 2 [보기]와 같이 대화를 완성하세요.

> [보기] A : 어제 소개받은 사람이 어땠어요?
> B : 만나 보니까 마음에 들어요.

1) A : 학교 앞에 있는 식당에 가 봤어요?
   B : 네, ______________ 음식도 맛있고 친절했어요.

2) A : 스티븐 씨에게도 오라고 연락했어요?
   B : 네, 그런데 ______________ 지금 서울에 없대요.

3) A : 음식이 입에 맞아요?
   B : 네, ______________ 정말 맛있었어요.

4) A : 옷이 마음에 안 드세요?
   B : 네, ______________ 저한테 안 어울려서 바꾸려고요.

4. A/V-던데(요)

연 습 1 [보기]와 같이 대화를 완성하세요.

> **[보기]** A : 여행 잘 다녀오셨어요?
> B : 네, 한라산 경치가 정말 아름답던데요. (아름답다)

1) A : 한국 요리를 배워 보니까 어때요?
   B : 생각보다 만들기 쉽고 ____________________. (재미있다)

2) A : 이 앨범이 요즘 인기가 많다고 들었어요.
   B : 들어 보니까 음악이 정말 ____________________. (좋다)

3) A : 내가 소개해 준 남자를 만나 보니 어땠어요?
   B : 성격도 좋고 ____________________. (멋있다)

4) A : 민수 씨 못 봤어요?
   B : 밖에서 ____________________. (전화하다)

5) A : 정우 씨가 전화를 안 받네요.
   B : 아까 도서관에서 ____________________. (공부하다)

연 습 2 [보기]와 같이 대화를 완성하세요.

> **[보기]** A : 바다에 갔다 왔다고 들었어요. 어땠어요?
> B : 수영을 했는데 정말 재미있던데요.

1) A : 민수 씨 동생 결혼식에 다녀왔다고 들었어요. 어땠어요?
   B : 신부가 정말 ____________________.

2) A : 유진 씨 생일 파티는 어땠어요?
   B : 친구들이 정말 ____________________.

3) A : 등산은 어땠어요? 좋았어요?
   B : 정상*까지 올라갔는데 ____________________.

4) A : 콘서트를 보고 왔다고 들었어요. 재미있었어요?
   B : 그 가수가 노래를 정말 ____________________.

정상 top of hill or mountain

연 습 3 그림을 보고 [보기]와 같이 대화를 완성하세요.

[보기]

A : 약속 장소가 어디인지 알아요?

B : <u>서울식당이라고 하던데요.</u>

1)

A : 아키라 씨가 왜 생일 파티에 못 온대요?

B : ______________________________.

2)

A : 켈리 씨는 언제 고향에 돌아간대요?

B : ______________________________.

3)

A : 알리 씨가 이사하는 날이 언제인지 알아요?

B : ______________________________.

4)

A : 민수 씨가 왜 전화했어요?

B : ______________________________.

연 습 4

[보기]

A : 몇 시에 회의를 시작한대요?

B : <u>오후 2시에 시작한다던데요.</u> (오후 2시에 시작한다)

1) A : 이 식당에서 뭐가 제일 맛있대요?

B : ______________________________. (떡볶이가 맛있다)

2) A : 줄리앙 씨가 매운 음식을 좋아할까요?

B : 그럼요, 줄리앙 씨가 ______________________________. (매운 음식을 잘 먹는다)

3) A : 불고기를 만들 때 뭘 넣어야 돼요?

B : ______________________________. (간장과 설탕을 넣는다)

4) A : 주말 날씨가 어떻대요?

B : 하루 종일 ______________________________. (비가 온다)

문형 연습 Pattern Practice

track 09

연 습 1

[보기] 선생님 (T) 민수는 왜 모임에 안 왔어?
학 생 (S) (요즘 바쁘다) 요즘 바쁜가 봐.

1. T 유진 씨가 왜 아직 안 일어나지?
   S (많이 피곤하다) ____________________.
2. T 밖이 왜 이렇게 시끄럽지?
   S (아이들이 싸우다) ____________________.
3. T 백화점 앞이 왜 이렇게 복잡하지?
   S (오늘부터 세일이다) ____________________.
4. T 마이클이 왜 저렇게 피곤해 보이지?
   S (잠을 못 잤다) ____________________.

연 습 2

[보기] 선생님 (T) 다리를 다쳐서 밖에 못 나가요.
학 생 (S) (텔레비전, 보다) 그럼 텔레비전이나 볼까요?

1. T 추워서 수영은 못 해요.
   S (산책, 하다) ____________________?
2. T 저는 술은 못 마셔요.
   S (차, 마시다) ____________________?
3. T 재료가 없어서 요리를 못 해요.
   S (피자, 시켜 먹다) ____________________?
4. T 요즘 과일이 아주 비싸요.
   S (빵, 사다) ____________________?

연습 3

> [보기]　선생님 (T)　그 식당 음식이 어땠어요?
> 　　　　　학　생 (S)　(먹다, 맛있다) 먹어 보니까 맛있었어요.

1. T　제주도 여행이 어땠어요?

   S　(가다, 아름답다) ________________________________.

2. T　어제 만난 사람이 어땠어요?

   S　(만나다, 마음에 들다) ________________________________.

3. T　이 책이 어땠어요?

   S　(읽다, 재미있다) ________________________________.

4. T　새로 나온 노래가 어땠어요?

   S　(듣다, 좋다) ________________________________.

연습 4

> [보기]　선생님 (T)　그 영화가 어땠어요?
> 　　　　　학　생 (S)　(재미있다) 생각보다 재미있던데요.

1. T　그 책이 어땠어요?

   S　(어렵다) ________________________________.

2. T　지난겨울 날씨가 어땠어요?

   S　(춥다) ________________________________.

3. T　그 식당 음식이 어땠어요?

   S　(맛있다) ________________________________.

4. T　남대문시장이 어땠어요?

   S　(싸다) ________________________________.

5 입어 보고 살걸 그랬어요

I should have tried it on and bought it

어 휘

- 치수와 물건 구매
  Sizes and item purchases

문법과 표현

- V-(으)ㄹ까 말까 (하다)
- V-지 그래(요)?
- V-(으)ㄹ걸 (그랬다)
- N(이)라도

문형 연습

어 휘 Vocabulary

연 습 1 빈칸에 알맞은 단어를 골라 대화를 완성하세요.

꽉 끼다	딱 맞다	적당하다	헐렁하다

1) A : 이 치마 어떤 것 같아? 너무 길지 않아?
   B : 아니, 그 정도면 너무 길지도 짧지도 않고 ____________ 것 같은데.

2) A : 이 바지는 허리가 너무 ____________데 한 치수 큰 걸로 주세요.
   B : 죄송합니다만 입으신 게 마지막 남은 거라서 다른 사이즈는 없습니다.

3) A : 이 등산화가 너무 ____________ 것 같은데 좀 더 작은 건 없어요?
   B : 겨울에는 두꺼운 양말을 신기 때문에 좀 넉넉한 신발을 사시는 게 더 좋습니다. 더 작은 걸로 사시면 후회하실 거예요.

4) A : 저는 발이 너무 커서 제 발에 ____________ 구두를 사기 어려워요.
   B : 이태원에는 치수가 큰 구두를 파는 가게가 있다고 들었어요. 한번 가 보세요.

치수가 잘 맞다	소매가 없다	품이 작다	통이 넓다	굽이 높다

5) A : 그 청바지 괜찮던데 왜 안 샀어?
   B : 바지____________서. 요즘엔 꽉 끼게 입는 게 유행인데…….

6) A : ____________ 구두를 신으니까 키가 커 보여서 좋아. 그렇지 않니?
   B : 하지만 그런 구두를 자꾸 신으면 발 모양도 이상해지고 허리에도 안 좋대.

7) A : 그 조끼*가 손님께 참 잘 어울리네요. 싸게 드릴 테니까 사세요.
   B : 글쎄요, 이건 ____________서 좀 불편한데 한 사이즈 큰 걸로 입어 볼게요.

8) A : 이 블라우스는 안 되겠어. ____________서 학교에는 못 입고 갈 것 같아.
   B : 날씨가 더우니까 이런 옷도 많이 입던데. 네가 싫으면 할 수 없지, 뭐.

9) A : 어머니, 제가 소포로 보내 드린 옷 입어 보셨어요? 잘 맞아요?
   B : 그래, ____________아. 어떻게 그렇게 딱 맞는 걸 샀니? 고맙다.

조끼 vest

연 습 2 맞는 것끼리 연결하세요.

1) 

2) 

3) 

• 이번 여름에는 소매 없는 헐렁하고 긴 블라우스에 꽉 끼는 무릎 길이의 바지를 입는 게 유행이에요.

• 요즘에는 품이 넉넉한 양복보다는 몸에 딱 맞는 양복이 더 인기가 있어요. 바지통도 좁게 입는 편이에요.

• 1920년대에는 소매가 넉넉하고 길이가 약간 긴 저고리에 통이 넓고 길이가 짧아서 발목*이 보이는 치마를 입는 것이 유행이었대요.

연 습 3 알맞은 것을 골라 대화를 완성하세요.

할인	할부	일시불	배송비	구입하다	반품하다

1) A : 그 휴대폰이 비싸던데 샤오밍 씨는 어떻게 그렇게 싸게 샀어요?
   B : 학교 앞 휴대폰 가게에서 깜짝 세일을 했어요. 딱 100개만 50% ______________ 해서 25만 원에 샀어요.

2) A : 이 마트에서 산 물건을 집까지 배달해 주나요?
   B : 네, 5만 원 이상 ______________면 무료로 배달해* 드립니다.

3) A : 카메라를 사고 싶은데 어디에서 사는 게 좋을까요?
   B : 인터넷 쇼핑몰이 어때요? 주문한 다음 날 받을 수 있고 ______________도 무료에요.

4) A : 노트북 컴퓨터를 샀군요. 이거 비쌀 텐데…….
   B : 홈쇼핑에서 6개월 ______________로 샀어요. 매달 15만 원씩 내야 해요.

발목 ankle 배달하다 to deliver

문법과 표현 Grammar and Expression

1. V-(으)ㄹ까 말까 (하다)

연습 1 [보기]와 같이 대화를 완성하세요.

[보기] A : 이번에 합격한 회사에 다닐 거예요?
B : 글쎄요, 월급이 생각보다 적어서 다닐까 말까 생각 중이에요.
(월급이 생각보다 적다)

1) A : 이 와이셔츠 안 사요? 가격도 적당하고 품질도 괜찮은데요.
B : 글쎄요, ______________________________.
(품이 작다)

2) A : 오늘 저녁에도 한강공원에서 운동할 거지요? 같이 할래요?
B : 글쎄요, ______________________________.
(감기 기운이 있다*)

3) A : 지난번에 소개받은 사람을 계속 만날 거예요?
B : 글쎄요, ______________________________.
(성격이 안 맞다)

4) A : 운동화 필요하다고 했지요? 지금 홈쇼핑에서 운동화를 싸게 팔아요.
B : 글쎄요, ______________________________.
(이번 달에 생활비를 많이 쓰다)

연습 2 [보기]와 같이 대화를 완성하세요.

[보기] A : 휴가 때 여행 가요?
B : 일이 많아서 갈까 말까 하다가 안 가기로 했어요.

1) A : 점심 안 먹어요?
B : 일을 아직 못 끝내서 ______________ 나중에 먹기로 했어요.

2) A : 남자 친구 만날 때 이 구두 신을 거예요?
B : 굽이 너무 높아서 ______________ 안 신기로 했어요.

3) A : 이 속옷 반품할 거지요?
B : 너무 꽉 끼어서 ______________ 그냥 입기로 했어요.

4) A : 오늘 블라우스 교환하러 갈 거지요? 같이 가요.
B : 소매가 조금 길어서 ______________ 그냥 입기로 했어요.

* 감기 기운이 있다 to feel like catching a cold

연 습 3 [보기]와 같이 대화를 완성하세요.

> [보기] A : 요즘 쌀쌀해져서 조끼가 필요했는데 살까 말까?
> B : 이건 품이 너무 작은데 다른 걸 사는 게 어때?
> (품이 너무 작다)

1) A : 오늘 데이트가 있는데 이 치마를 ________________?

B : ________________________ 다른 걸 입는 게 어때?
(치마가 너무 짧다)

2) A : 늦게까지 일해야 하는데 간식을 ________________?

B : 밤에 먹으면 ________________________ 안 먹는 게 어때?
(얼굴이 붓다)

3) A : 품이 좀 큰데 이 코트를 ________________?

B : ________________________ 그냥 입는 게 어때?
(싸게 샀다)

4) A : 금방 드라마 할 시간인데 ________________?

B : ________________________ 공부하는 게 어때?
(내일이 시험이다)

연 습 4 그림을 보고 [보기]와 같이 이야기해 보세요.

보 기

무슨 걱정 있어요?

졸업한 후에 유학을 갈까 말까
고민하고 있어요.

1)

2)

3)

4)

2. V-지 그래(요)?

연 습 1 [보기]와 같이 대화를 완성하세요.

> **[보기]** A : 약을 먹어도 감기가 낫지 않아요.
> B : 그럼 병원에 한번 가 보지 그래요?
> (병원에 한번 가 보다)

1) A : 약속 시간에 늦었는데 어떡하지요?
B : 길이 막히니까 ______________________?
(지하철을 타다)

2) A : 룸메이트가 코를 골아서 잠을 잘 못 자요.
B : 그럼 룸메이트에게 ______________________?
(이야기해 보다)

3) A : 회의 자료를 안 가져왔어요. 어떡하지요?
B : 아직 시간이 있으니까 ______________________?
(빨리 가져오다)

4) A : 카메라를 사야 하는데 어디에 가면 싸게 살 수 있을까요?
B : 백화점은 비싸니까 ______________________?
(인터넷에서 사다)

연 습 2 [보기]와 같이 친구의 고민을 듣고 조언해 주세요.

보 기

- 좋아하는 사람이 생겼는데 좋아한다고 말을 못 하겠어요.
- 요즘 밤에 잠을 잘 못 자서 힘들어요.
- 옆집에 사는 사람이 너무 시끄러워요.
- 쇼핑을 많이 해서 이번 달 생활비가 모자라요.

연 습 3 [보기]와 같이 대화를 완성하세요.

[보기] A : 인터넷에서 청바지를 샀는데 너무 길어서 입을까 말까 하고 있어요.
B : 그럼 바지 길이를 좀 줄이지 그래요?

1) A : 이 영화가 별로라고 해서 ______________________.
B : 그럼 영화를 본 친구들에게 ______________________?

2) A : 생활비가 모자라서 여행을 ______________________.
B : 그럼 멀리 가지 말고 가까운 곳으로 ______________________?

3) A : 너무 피곤해서 운동을 ______________________.
B : 그럼 오늘은 운동하지 말고 ______________________?

4) A : 귀찮아서 청소를 ______________________.
B : 그럼 다음에 ______________________?

[보기] A : 어제 치마를 샀는데 바꿀까 말까 망설이고 있어요.
B : 잘 어울리는데 그냥 입지 그래요?

5) A : 일이 많아서 모임에 ______________________.
B : 친구들이 기다릴 텐데 늦게라도 ______________________?

6) A : 면접 때 이 정장을 ______________________.
B : 디자인이 좀 별로인데 다른 걸 ______________________?

7) A : 노트북을 인터넷으로 ______________________.
B : 사은품*을 많이 주니까 백화점에서 ______________________?

8) A : 시간이 늦어서 친구한테 전화를 ______________________.
B : 그럼 문자를 ______________________?

사은품 free gift; gift for attending an event

3. V-(으)ㄹ걸 (그랬다)

연 습 1 [보기]와 같이 문장을 완성하세요.

> [보기] (한 치수 큰 사이즈를 사다)
> <u>한 치수 큰 사이즈를 살걸 그랬어</u>. 바지가 너무 꽉 껴.

1) (지난주에 교환하다)

____________________. 1주일이 지나서 교환이 안 된대.

2) (굽이 낮은 구두를 신다)

____________________. 발이 불편해서 잘 못 걷겠어.

3) (카메라를 가져오다)

____________________. 여기 경치가 너무 예뻐서 사진을 찍고 싶은데…….

4) (라면을 먹지 말다)

____________________. 얼굴이 너무 부었어.

연 습 2 알맞은 문장을 연결하세요.

구두를 현금으로 샀다. 구두를 산 후에 김밥을 사 먹으려고 했는데 돈이 없었다.	인터넷으로 블라우스를 샀는데 사이즈도 안 맞고 생각보다 색깔도 마음에 안 든다.	지난달에 쇼핑을 너무 많이 해서 카드 대금이 많이 나왔다.	새로 산 구두가 너무 딱 맞아서 바꿀까 말까 하다가 그냥 신었는데 발이 아프다.
•	•	•	•
•	•	•	•
교환할걸 그랬다.	카드로 결제할걸 그랬다.	돈을 아껴 쓸걸 그랬다.	옷 가게에서 보고 살걸 그랬다.

연 습 3 [보기]와 같이 대화를 완성하세요.

[보기]
A : 어제 그 영화가 재미있었어요?
B : 아니요. 다른 영화를 볼걸 그랬어요. 너무 지루했어요.*

1) A : 그 모자 인터넷에서 샀지요? 마음에 들어요?
B : 아니요, ______________________. 색깔이 너무 밝아요.

2) A : 노트북을 샀다고 들었어요. 비싼 노트북이라서 성능*도 좋지요?
B : 아니요, ______________________. 생각보다 별로예요.

3) A : 손님, 그 가방은 다 팔리고 없는데요.
B : 그래요? ______________________. 꼭 사고 싶었는데…….

4) A : 점심 때 먹은 매운탕이 매웠죠?
B : 네. ______________________. 너무 배가 아파요.

연 습 4 다음을 읽고 이 사람이 무엇을 후회할지 써 보세요.

7월 21일(화) 날씨 : 비

어제 늦게 자서 아침에 늦게 일어났다. 회사에 늦지 않으려고 택시를 탔는데 길이 너무 많이 막혔다. 9시가 넘어서 회사 근처에서 내렸는데 비가 오기 시작했다. 비가 올 줄 모르고 우산을 안 가져왔는데……. 회사까지 뛰어가는 동안 비를 많이 맞았다. 그런데 회사에 도착하자마자 비가 그쳤다. 회사에도 늦고 감기도 걸렸다.

1) 어제 일찍 잘걸 그랬다.

2) ______________________.

3) ______________________.

지루하다 to be boring 성능 performance

4. N(이)라도

연 습 1 [보기]와 같이 대화를 완성하세요.

[보기] A : 손님, 죄송합니다. 환불은 안 되는데요.
B : (교환 / 해 주다) 그럼 교환이라도 해 주세요.

1) A : 여행을 가려고 하는데 돈이 모자라요.
B : (아르바이트 / 하다) ______________________________

2) A : 다음 달에 외국 출장을 가서 전화를 하기가 어려울 것 같아요.
B : (이메일 / 보내 주다) ______________________________

3) A : 손님, 죄송합니다. 그 모자는 파란색만 남았어요.
B : (그거 / 주다) ______________________________

4) A : 날씨가 덥지요? 모자는 없고 양산만 있는데 어떡하죠?
B : (양산* / 빌려주다) ______________________________

연 습 2 집에 친구가 놀러 왔습니다. 다음과 같은 문제가 있을 때 어떻게 말하면 좋을지 [보기]와 같이 써 보세요.

친구가 배고프다고 하는데 집에 **밥**은 없고 **빵**만 있다. 냉장고에 **주스**는 없고 **물**만 있다.
심심해서 텔레비전을 보려고 하는데 **드라마**는 안 하고 **뉴스**만 한다.
읽을 책도 **잡지**는 없고 **만화책**만 있다.

[보기]
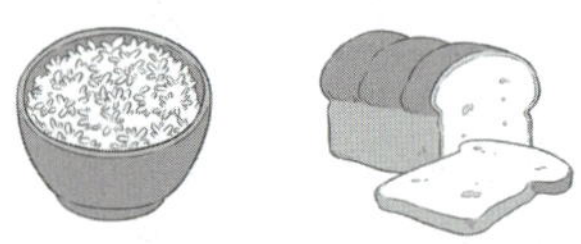
X O
밥은 없고 빵만 있는데 빵이라도 먹을래?

1)

X O
______________________________?

2)

X O
______________________________?

3)

X O
______________________________?

* 양산 parasol

연 습 3 [보기]와 같이 대화를 완성하세요.

> [보기]　A : 돈이 너무 많이 들어서 해외여행은 못 갈 것 같아.
> B : 그럼 설악산이라도 갈까?

1) A : 지금 빌려줄 수 있는 돈이 만 원밖에 없는데…….
   B : ______________________________

2) A : 부산 가는 좌석표가 매진이라는데 어떡하지?
   B : ______________________________

3) A : 차를 사고 싶은데 새 차는 너무 비싸. 어떡하지?
   B : ______________________________

4) A : 할 줄 아는 음식이 김치찌개밖에 없는데 어떡하지?
   B : ______________________________

연 습 4 여러분은 시간이 있거나 심심할 때 무엇을 합니까? [보기]와 같이 친구와 말해 보세요.

[보기]

1)

2)

3)

4)

5)

6)

문형 연습 Pattern Practice

track 10

연 습 1

[보기] 선생님 (T) 주말에 영화 볼 거예요?
학　생 (S) 글쎄요, 볼까 말까 하고 있어요.

1. T 이 가방을 살 거예요?
   S 글쎄요, ______________________________.
2. T 다른 곳으로 이사할 거예요?
   S 글쎄요, ______________________________.
3. T 스포츠 센터에 등록할 거예요?
   S 글쎄요, ______________________________.
4. T 저녁에 불고기를 만들 거예요?
   S 글쎄요, ______________________________.

연 습 2

[보기] 선생님 (T) 감기에 걸려서 열이 나요.
학　생 (S) (병원에 가다) 병원에 가지 그래요?

1. T 약속 시간에 늦었어요.
   S (택시를 타다) ______________________________?
2. T 자꾸 살이 쪄.
   S (운동을 하다) ______________________________?
3. T 요즘 일이 많아서 피곤해요.
   S (일찍 가서 쉬다) ______________________________?
4. T 아침을 못 먹어서 배가 고파요.
   S (우유를 마시다) ______________________________?

연 습 3

[보기] **선생님** (T) 모자를 샀는데 마음에 안 들어요.
학 생 (S) 사지 말걸 그랬어요.

1. T 커피를 마셨는데 잠이 안 와요.
   S ______________________________.
2. T 떡볶이를 먹었는데 배가 아파요.
   S ______________________________.
3. T 수영복을 안 가져와서 수영을 못 했어요.
   S ______________________________.
4. T 명절 때 고향에 안 갔는데 부모님이 보고 싶어요.
   S ______________________________.

연 습 4

[보기] **선생님** (T) 그 옷은 빨간색밖에 없는데 어떡하죠?
학 생 (S) 그럼 빨간색 옷이라도 주세요.

1. T 집에 마실 게 우유밖에 없는데 어떡하죠?
   S ______________________________.
2. T 반찬으로 먹을 게 김치밖에 없는데 어떡하죠?
   S ______________________________.
3. T 잡지는 없고 만화책만 있는데 어떡하죠?
   S ______________________________.
4. T 기차표가 입석 표밖에 없는데 어떡하죠?
   S ______________________________.

6 일요일에는 아무 약속도 없어요

I don't have any appointments at all on Sunday

어 휘 • 장소와 약속
Locations and appointments

문법과 표현 • A/V-거든(요), N(이)거든(요)
• 아무 N도
• V-이/히/리/기-(피동)

문형 연습

어 휘 Vocabulary

연 습 1 알맞은 것을 골라 대화를 완성하세요.

한산하다	붐비다	평범하다	특이하다
편안하다	아늑하다	분위기가 좋다	

1) A : 주말에 남대문시장에 같이 갈래요?

B : 주말에 가면 사람이 많아서 너무 ______________ 텐데요.
남대문시장은 다음에 가요.

2) A : 오늘은 인사동 거리가 ______________네요.

B : 평일* 아침에는 사람들이 별로 많지 않아서 조용한 편이에요.

3) A : 이 구두 어때요?

B : 색깔과 장식이 정말 ______________네요. 이런 디자인은 처음 봐요.
마음에 쏙* 들어요.

4) A : 요즘 만나는 사람이 있다고 들었는데 어떤 남자예요?

B : 그냥 ______________ 사람이에요. 친절하고 무엇보다 저한테 정말 잘해 줘요.

5) A : 회사 앞에 이탈리아 식당이 새로 생겼대요. 점심에 파스타 어때요?

B : 좋아요. 지난번에 갔는데 음식도 맛있고 ______________서 데이트하는* 커플*이 많던데요?

6) A : 카페에 사람이 정말 많네요. 분위기도 괜찮아 보이는데요?

B : 저 카페요? 커피도 맛있고 의자도 ______________서 제가 자주 가는 곳이에요.

7) A : 이 방은 어떠세요? 월세도 싸고 근처에 지하철이 있어서 편리해요.

B : 방이 좀 작지만 ______________서 좋네요.

평일 weekday　쏙 completely　데이트하다 to date　커플 couple

연 습 2 빈칸에 알맞은 단어를 골라 광고를 완성하세요.

깔끔하다	신선하다	다양하다	저렴하다

서울식당이 새롭게 문을 열었습니다!

- 1) ______________ 아늑한 분위기
  – 가족 모임, 동창회, 회식 등 여러분의 모임을 책임지겠습니다.*
- 2) ______________ 메뉴
  – 어른부터 아이까지 입맛에 맞는 음식을 드실 수 있습니다.
- 3) ______________ 가격
  – 외식*에 대한 부담*이 없어집니다.
- 4) ______________ 재료
  – 서울식당은 건강에 좋은 최고의 재료로 요리합니다.

* 3월 한 달 동안 음식을 주문하시는 모든 분들께 음료를 서비스로 드립니다. 많은 이용 바랍니다.

연 습 3 알맞은 단어를 골라 일기를 완성하세요.

시간을 어기다	약속을 정하다	약속을 지키다

12월 22일 일요일

오늘은 스티븐의 생일이었다. 그래서 친구들과 시청역에서 만나기로 1) ______________. 그런데 늦지 않게 약속 장소에 갔는데 친구들이 보이지 않았다. 평소에 2) ______________ 친구들인데 이상했다. 스티븐에게 전화를 걸어 보니까 내가 약속 장소를 잘못 알고 있었다. 내가 신촌역을 시청역이라고 잘못 들은 것이다. 지금까지 한 번도 3) ______________ 적이 없었는데 나만 약속 시간에 늦어서 무척 속상했다.

책임지다 to take responsibility 외식 eat out 부담 burden

문법과 표현 Grammar and Expression

1. A/V-거든(요), N(이)거든(요)

연 습 1 [보기]와 같이 대화를 완성하세요.

> [보기]
> A : 9시밖에 안 됐는데 벌써 자요?
> B : 내일 아침에 일찍 일어나야 하거든요.

1) A : 이 아이스크림 너무 맛있는데 왜 안 드세요?

   B : 아이스크림을 먹으면 ______________________.

2) A : 오늘 좀 피곤해 보이네요.

   B : 어젯밤에 ______________________.

3) A : 집이 아늑하고 좋은데 왜 갑자기 이사를 가려고 해요?

   B : 월세가 ______________________.

4) A : 항상 그 식당에서 점심을 먹어요?

   B : 네, 그 식당 음식이 ______________________.

5) A : 오늘 옷을 아주 멋있게 입고 왔네요.

   B : 이따가 ______________________.

6) A : 왜 불꽃놀이 축제에 같이 안 가요?

   B : 저는 붐비는 곳을 ______________________.

7) A : 수미 씨는 항상 시장에서 옷을 사나 봐요.

   B : 시장이 ______________________.

연 습 2 다문화 축제에 다녀왔습니다. '-거든요'를 써서 대화를 완성하세요.

A : 제가 어제 다문화 축제에 갔다 왔거든요. 정말 재미있던데요.

B : 그래요? 거기서 뭘 했어요?

A : 송편도 만들고 한복도 1) ________________. 여기 사진 좀 보세요.

B : 참 잘 어울리네요. 이거 입어 보는 데 얼마예요?

A : 돈은 안 냈어요. 참가비가 2) ________________.

B : 무료예요? 좋은데요.

A : 다른 나라 명절 음식도 먹었는데 히엔 씨 나라 음식도 있었어요.

B : 그래요? 저도 가고 싶어요. 고향 음식을 먹은 지 3) ________________.

그런데 음식값도 모두 공짜예요?

A : 아니요. 음식은 장터*에서 사 먹어야 해요.

그래도 걱정하지 마세요. 음식값이 아주 4) ________________.

B : 저랑 이번 주말에 한 번 더 가지 않을래요?

A : 이번 주말에 가면 늦어요. 축제가 5) ________________.

3일이 공휴일이니까 그날 수업이 6) ________________. 그날 같이 가요.

다문화 multi-cultural 참가비 participation fee 장터 marketplace

2. 아무 N도

연 습 1 [보기]와 같이 대화를 완성하세요.

[보기] A : 내일 약속 있어요?
B : 아뇨, 아무 약속도 없는데요.

1) A : 주말에 뭐 할 거예요? 특별한 계획 있어요?

B : 아직 ______________________________.

2) A : 힘들어 보이는데 무슨 걱정이 있어요?

B : 아니요, ______________________________.

3) A : 지금 뭐라고 했어요?

B : 저요? ______________________________.

4) A : 방학 때 어디에 갔다 왔어요?

B : 아르바이트하느라고 ______________________________.

5) A : 할아버지가 무슨 말씀을 하셨어요?

B : ______________________________. 그냥 용돈*만 주셨어요.

6) A : 무슨 일 있어요? 왜 그렇게 서둘러요?

B : 아니요, ______________________________.

7) A : 지금 무슨 소리 못 들었어요? 아기 우는 소리 같은 거?

B : 아니요, 전 ______________________________.

8) A : 일 잘되고 있어요? 문제가 있으면 이야기해 주세요.

B : 잘되고 있어요. ______________________________.

용돈 allowance

연 습 2 빈칸에 알맞은 단어를 골라 대화를 완성하세요.

아무도	아무하고도
아무한테도/아무에게도	아무것도

1) A : 6시 5분 전인데 손님들은 많이 오셨어요?

B : 아뇨, 아직 ______________________.

2) A : 이 이야기를 유진 씨에게 해 줘도 돼요?

B : 안 돼요. 비밀이니까 ______________________.

3) A : 그게 뭐예요? 뭔데 혼자 보면서 웃고 있어요?

B : 이거요? ______________________.

4) A : 아! 목말라. 냉장고에 마실 것 좀 있어요?

B : 미안해요. 장 본 지 오래돼서 마실 게 ______________________.

5) A : 조금 전에 방에서 누구하고 이야기했어요?

B : ______________________. 저 혼자 발음 연습했어요.

6) A : 아까 누구한테 전화했어요?

B : ______________________.

7) A : 이제 떠난 사람은 잊어버려요. 내가 좋은 사람 소개해 줄게요.

B : 아니요. 지금은 ______________________.

3. V-이/히/리/기-(피동)

연 습 1 (   )안에 '-이/히/리/기-'를 넣으세요.

1) 놓다 → 놓(   )다
2) 잠그다 → 잠(   )다
3) 닫다 → 닫(   )다
4) 팔다 → 팔(   )다
5) 걸다 → 걸(   )다
6) 잡다 → 잡(   )다
7) 끊다 → 끊(   )다
8) 쓰다 → 쓰(   )다
9) 보다 → 보(   )다
10) 안다 → 안(   )다
11) 막다 → 막(   )다
12) 바꾸다 → 바(   )다
13) 열다 → 열(   )다
14) 읽다 → 읽(   )다
15) 쫓다 → 쫓(   )다
16) 듣다 → 들(   )다

연 습 2 [보기]와 같이 문장을 완성하세요.

> [보기] (막다)
> 출퇴근 시간에는 언제나 길이 막혀요.

1) (끊다)
지하철이 몇 시에 ____________?

2) (열다)
가방 산 지 오래되지 않았는데 지퍼*가 잘 안 ____________.

3) (보다)
안경을 벗으니까 글씨가 잘 안 ____________.

4) (듣다)
창문을 여니까 차 소리가 너무 많이 ____________.

---
*지퍼 zipper

연 습 3 그림을 보고 [보기]와 같이 문장을 완성하세요.

[보기]

아이가 엄마에게 <u>안겨</u> 있어요.

1)

문이 ______________________.

2)

창문이 ______________________.

3)

옷걸이에 옷이 ______________________.

4)

문이 ______________________.

5)

칠판에 글씨가 ______________________.

6)

책상 위에 컴퓨터가 ______________________.

연 습 4 빈칸에 알맞은 단어를 골라 문장을 완성하세요.

잡다	바꾸다	끊다	잠그다

1) 지난주에 이사해서 주소가 ___________었어요.

2) 지난달에 학교 도서관에 도둑이 들어서 경찰에 신고했어요.*

   그런데 그 도둑이 아직 안 ___________대요.

3) 집에서 나가기 전에 가스 밸브*가 ___________ 있는지 꼭 확인하세요.

4) 고등학교 때 친구들 소식을 알고 싶은데 연락처를 몰라요.

   연락이 ___________ 지 오래되었어요.

연 습 5 빈칸에 알맞은 단어를 골라 대화를 완성하세요.

열다	걸다	막다	보다	바꾸다

1) A : 저기 __________는 건물이 식당 아니었어요?

   B : 전에는 식당이었는데 지금은 커피숍으로 __________었어요.

2) A : 창문이 잘 안 __________는데 어떡하죠?

   B : 잠깐만요. 제가 열어 볼게요.

3) A : 왜 길이 이렇게 __________지요?

   B : 저 앞에서 큰 사고가 나서 그래요.

4) A : 이 카페는 실내 장식이 특이해서 참 좋아요.

   B : 네, 저기 __________ 있는 그림도 참 예쁘네요.

신고하다 to report 가스 밸브 gas valve

연 습 6 다음에서 알맞은 표현을 골라 보세요.

나는 다음 달에 결혼한다. 그래서 결혼해서 살 집을 보러 갔는데 문이 1) (열어 / 열려) 있었다. 그리고 문에 '편하게 구경하세요'라고 2) (써 / 쓰여) 있었다. 1층을 구경하고 있는데 지하실*에서 무슨 소리가 3) (들었다. / 들렸다.) 내려가 봤는데 지하실 문이 4) (잠가 / 잠겨) 있어서 들어갈 수 없었다. 내가 잘못 5) (들은 / 들린) 거라고 생각했다. 다시 1층으로 올라가서 방을 구경했다. 방은 창문이 6) (닫아 /닫혀) 있어서 어두웠다. 책상이 하나 7) (놓아 / 놓여) 있었고 벽에는 아무것도 8) (걸어 / 걸려) 있지 않았다. 방을 구경하고 있는데 갑자기 방문이 9) (닫았다. / 닫혔다.) 깜짝 놀라서 밖으로 나가려고 했지만 문이 10) (열지 / 열리지) 않았다. 너무 무서웠다. 그때 갑자기 엄마 목소리가 11) (들었다. / 들렸다.) "얘, 빨리 일어나. 회사에 늦겠다." 다행이다.* 꿈이었구나.

지하실 basement　다행이다 to be fortunate

문형 연습 Pattern Practice

track 11

연 습 1

[보기] 선생님 (T) 왜 병원에 가요?
학　생 (S) (친구가 아프다) 친구가 아프거든요.

1. T 왜 오늘은 학교에 안 가요?
   S (수업이 없다) ________________________.
2. T 왜 음식을 이렇게 많이 준비해요?
   S (손님이 오시다) ________________________.
3. T 기분이 좋아 보이네요.
   S (월급을 받았다) ________________________.
4. T 왜 잠을 못 잤어요?
   S (커피를 많이 마셨다) ________________________.

연 습 2

[보기] 선생님 (T) 생일에 무슨 선물 받았어요?
학　생 (S) 아무것도 못 받았어요.

1. T 아침에 뭘 먹었어요?
   S ________________________.
2. T 주말에 어디에 갔다 왔어요?
   S ________________________.
3. T 방학 때 특별한 계획이 있어요?
   S ________________________.
4. T 지금 교실에 누가 있어요?
   S ________________________.

연습 3

[보기] **선생님** (T) 창문 밖으로 뭐가 보여요?
학 생 (S) (바다) 바다가 보여요.

1. T 사무실 밖에서 무슨 소리가 들려요?
   S (차 소리) ______________________.
2. T 언제 길이 많이 막혀요?
   S (주말) ______________________.
3. T 지하철이 언제 끊겨요?
   S (새벽) ______________________.
4. T 여름엔 뭐가 잘 팔려요?
   S (아이스커피) ______________________.

연습 4

[보기] **선생님** (T) 왜 이렇게 늦었어요?
학 생 (S) (길 / 막다) 길이 막혔어요.

1. T 어제 전화했는데 통화가 안 되던데요.
   S (전화번호 / 바꾸다) ______________________.
2. T 6시 표로 주세요.
   S (6시 표 / 다 팔다) ______________________.
3. T 왜 자동차 수리 기사를 불렀어요?
   S (차 문 / 잠그다) ______________________.
4. T 무슨 좋은 일이 있어요?
   S (결혼 날짜 / 잡다) ______________________.

복습 2

어휘와 문법 Vocabulary and Grammar

1. 정리하기

어휘

4과	간장 고추장 설탕 파 마늘 깨 참기름 후추	다듬다 썰다 다지다 섞다 젓다	볶다 찌다 튀기다 삶다 부치다 굽다 끓이다	(상추에) 싸다 (간장에) 찍다 (국에) 말다 (빵에) 바르다
5과	딱 맞다 꽉 끼다 적당하다 넉넉하다 헐렁하다	치수가 작다 소매가 없다 품이 크다 통이 넓다 굽이 높다	상품 할인 배송비 결제하다 금액 일시불 할부 구입하다 반품하다	
6과	한산하다 붐비다 깔끔하다 아늑하다 편안하다 특이하다 평범하다 분위기가 좋다	메뉴가 다양하다 가격이 저렴하다 재료가 신선하다 음식이 입에 맞다	(장소를) 정하다 (날짜를) 잡다 (약속을) 지키다 (시간을) 어기다	

문법

4과	A-(으)ㄴ가 보다 V-나 보다 N인가 보다	• 미안해요. 이번 주는 시간이 안 돼요. – 요즘 많이 바**쁜가 봐요**.
	N(이)나	• 시간 있으면 영화**나** 볼까요?
	V-아/어 보니(까)	• 닭갈비를 먹**어 보니까** 아주 맛있었어요.
	A/V-던데(요)	• 유진 씨가 어디에 있는지 알아요? – 아까 일찍 집에 가**던데요**.
5과	V-(으)ㄹ까 말까 (하다)	• 날씨가 나빠서 여행을 **갈까 말까 하고 있어요**.
	V-지 그래(요)?	• 바지를 어제 샀는데 너무 싹 끼는 것 같아. – 입기 불편하면 교환하**지 그래**?
	V-(으)ㄹ걸 (그랬다)	• 구두를 신었는데 발이 아프네. 운동화를 신**을걸 그랬어**.
	N(이)라도	• 손님이 찾으시는 치수가 없는데 어떡하죠? – 큰 사이즈**라도** 괜찮아요.
6과	A/V-거든(요) N(이)거든(요)	• 미안하지만 나 먼저 갈게. 할 일이 있**거든**.
	아무 N도	• 주말에 어디에 갔어요? – **아무** 데**도** 안 갔어요.
	V-이/히/리/기-(피동)	• 엘리베이터를 탔는데 전화가 **끊겼다**.

2. 확인하기

어휘 확인

1. 다음 빈칸에 알맞은 말을 찾아 쓰세요.

썰다	깔끔하다	꽉 끼다	입에 맞다	굽다
찍다	지키다	끓이다	굽이 높다	결제

1) 늦어서 미안해. 다음에는 시간 꼭 ______________게.
2) 해물 파전을 간장에 ______________어 먹으면 더 맛있어요.
3) 하이힐은 너무 ______________서 조금만 걸어도 발이 아파요.
4) 고기를 먹기 좋은 크기로 ______________서 양념해 주세요.
5) 저는 한국 음식을 아주 좋아해요. 음식이 ______________요.
6) 어제 구두를 샀는데 현금이 없어서 카드로 ______________했어요.

2. 다음 빈칸에 공통으로 들어갈 단어는 무엇입니까? 문장에 맞게 쓰세요.

1) [ ][ ]

가) 작년에 한국에 처음 왔을 때 음식이 입에 안 ______________ 제일 힘들었어요.

나) 아이들은 빨리 크니까 딱 ______________ 옷보다는 좀 넉넉한 옷을 사 주는 게 좋아요.

2) [ ][ ][ ]

가) 김치 있어요? 출출한데 김치전이나 ______________ 먹을까요?

나) 고향에 계신 어머니께 선물을 ______________ 우체국에 갔어요.

3) [ ][ ][ ]

가) 야채를 미리 ______________ 냉장고에 넣어 두면 요리할 때 편해요.

나) 앞머리가 좀 긴 것 같아서 미용실에 가서 깔끔하게 ______________ 달라고 했어요.

문법 확인

1. 다음에서 적당한 문형을 골라서 대화를 완성해 보세요.

(이)라도	-(으)ㄹ걸 (그랬다)	-던데(요)
-아/어 보니(까)	-지 그래(요)?	-거든(요)

1) A : 춘천에 가서 닭갈비도 먹었어요?
   B : ________________

2) A : 룸메이트가 잘 때마다 이를 갈아서 너무 힘들어요.
   B : ________________

3) A : 배는 안 고픈데 입이 좀 심심하네요. 과일이나 좀 먹을까요?
   B : ________________

4) A : 오늘 오후에 시간 돼요? 잠깐 차 마시면서 얘기 좀 할까요?
   B : ________________

5) A : 이 시계 예쁘지 않아요? 백화점에서 세일할 때 3만 원에 샀어요.
   B : ________________

2. 다음 문장에서 틀린 부분을 찾아 맞게 고쳐 보세요.

1) 민수 씨가 어제 모임에 안 온 걸 보니까 많이 바쁜가 봤어요.
   → ________________.

2) 해외여행이 어려우면 국내 여행이라고 가자.
   → ________________.

3) 내가 뛰어가서 기차를 타자마자 문이 닫았다.
   → ________________.

3. 평가하기

제한 시간 15분 | 내 점수 : / 17

[1–3] 무엇에 대한 이야기입니까? 알맞은 것을 고르십시오.

1. 먼저 물을 끓이세요. 그리고 물이 끓은 후에 생선을 넣으세요.
   ① 생선 구이 ② 요리 방법 ③ 생선 먹는 법 ④ 요리 소개

2. 어제 인터넷으로 바지를 샀는데 마음에 안 듭니다. 물건을 다시 돌려보냈습니다.
   ① 교환 ② 반품 ③ 결제 ④ 주문

3. 학교 앞에 카페가 생겼어요. 어제 갔는데 참 아늑하고 내 집처럼 편안했어요.
   ① 집 ② 분위기 ③ 커피 ④ 약속

[4–7] 빈칸에 제일 알맞은 것을 고르십시오.

4. 상추에 고기를 (   ) 먹으면 맛있어요.
   ① 발라 ② 말아 ③ 싸 ④ 찍어

5. (   )으로 결제하시겠어요?
   ① 반품 ② 현금 ③ 할인 ④ 수량

6. 너랑 한 약속을 (   ) 미안해. 다음에는 안 그럴게.
   ① 지켜서 ② 어겨서 ③ 정해서 ④ 잡아서

7. 좀 출출한데 라면이나 (   ) 먹을까요?
   ① 부쳐 ② 구워 ③ 쪄 ④ 끓여

[8–10] 다음 밑줄 친 부분과 바꿀 수 있는 것을 고르십시오.

8. 야채는 미리 깨끗하게 <u>다듬어서</u> 씻어 놓으세요.
   ① 다져서 ② 썰어서
   ③ 손질해서 ④ 저어서

9. 신발을 선물받았는데 사이즈가 <u>크지도 작지도 않고 딱 좋아요</u>.
   ① 헐렁해요　　② 넉넉해요
   ③ 적당해요　　④ 꽉 끼어요

10. 새로 생긴 카페는 커피값이 <u>싸서</u> 좋아요.
   ① 다양해서　　② 신선해서
   ③ 저렴해서　　④ 특이해서

[11-14] 빈칸에 제일 알맞은 것을 고르십시오.

11. 부엌에서 맛있는 냄새가 나요. 어머니가 (　　　　　　).
   ① 요리하라고요　　② 요리하시나 봐요
   ③ 요리하지 그래요　　④ 요리할걸 그랬어요

12. 입어 보지 않고 옷을 샀는데 안 맞아요. 입어 보고 (　　　　　　).
   ① 샀거든요　　② 사니까 좋아요
   ③ 살까 말까 해요　　④ 살걸 그랬어요

13. 주말에 (　　　　　) 약속도 없어요.
   ① 아무　　② 무슨
   ③ 어느　　④ 어디

14. 춘천에 가 (　　　　　) 호수가 아름답던데요.
   ① 보고　　② 봤으면
   ③ 봐서　　④ 보니까

[15-17] 다음 밑줄 친 부분과 의미가 비슷한 것을 고르십시오.

15. 기차가 <u>도착한 것 같아요</u>. 사람들이 뛰어가네요.
   ① 도착했거든요　　② 도착했나 봐요
   ③ 도착했다고 해요　　④ 도착했다고 들었어요

16. 옷이 작으면 좀 큰 옷으로 교환하면 어때요?

① 교환하던데요 ② 교환하라고 해요

③ 교환하지 그래요 ④ 교환할까 말까 해요

17. 스트레스가 심할 때는 아무 생각도 안 하고 쉬는 게 좋아요.

① 아무도 ② 아무것도

③ 아무 데도 ④ 아무 데서도

듣기 Listening

track 12

내 점수 : / 16

[1-2] 잘 듣고 알맞은 그림을 고르십시오.

1. ①

②

③

④

2. ① 한국인이 싫어하는 한국 음식
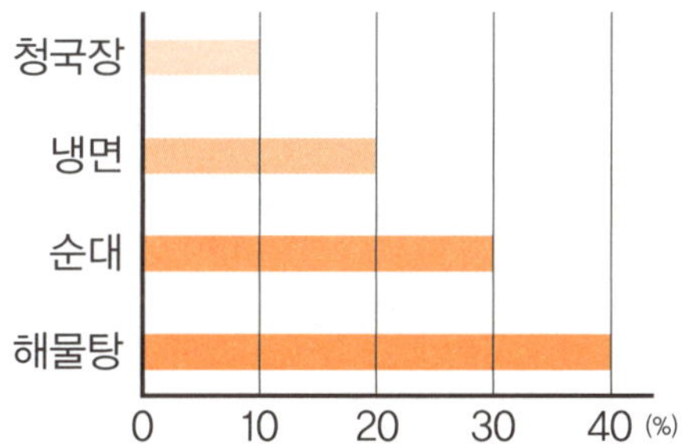

② 외국인이 좋아하는 한국 음식
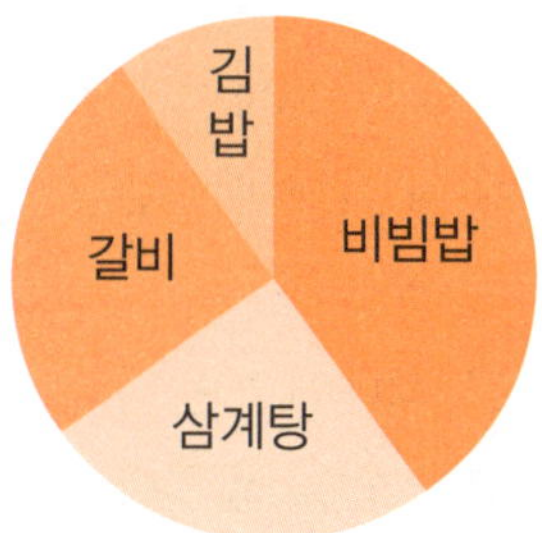

③ 유학생이 자주 먹는 한국 음식

④ 유학생이 좋아하는 외국 음식
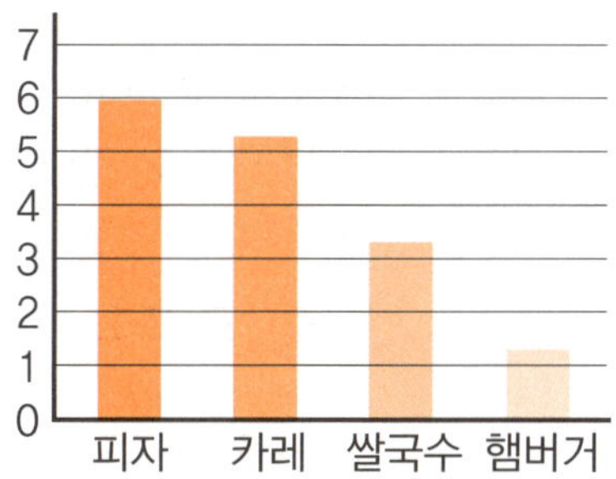

[3–5] 다음 대화를 잘 듣고 이어질 수 있는 말을 고르십시오.

3. ① 나는 점심을 먹을까 말까 해.
   ② 음식이 정말 맛있나 봐. 같이 가 보자.
   ③ 많이 바쁘면 컵라면이라도 먹고 하지 그래?
   ④ 그 식당 앞에 사람들이 줄을 서 있다고 하던데.

4. ① 약속 시간에 늦으면 안 돼요.
   ② 요즘 좀 피곤한데 그냥 집에서 쉬지 그래요?
   ③ 심심하면 나하고 여의도 공원에 자전거나 타러 갈래요?
   ④ 많이 바쁜가 봐요. 다음에 시간 될 때 이야기해 주세요.

5. ① 다음에도 꼭 같이 가서 즐겁게 놀아요.
   ② 네. 좋아요. 다음에 갈 때에는 저도 데리고 가 주세요.
   ③ 부산에 오면 꼭 연락해 주세요. 제가 안내해 드릴게요.
   ④ 싱싱한 생선회도 먹고 수영도 하고 이번 부산 여행은 정말 즐거웠어요.

[6–8] 다음 대화를 잘 듣고 여자가 이어서 할 행동으로 알맞은 것을 고르십시오.

6. ① 다른 옷으로 갈아입는다.
   ② 옷을 교환하러 백화점에 간다.
   ③ 세탁소에 가서 얼룩을 지워 달라고 한다.
   ④ 옷가게에 전화를 걸어 영업시간을 확인한다.

7. ① 침대에 눕는다.
   ② 라면을 끓인다.
   ③ 고구마를 삶는다.
   ④ 야식을 주문한다.

8. ① 외출 준비를 한다.
   ② 지하철을 타러 간다.
   ③ 바로 약속 장소로 출발한다.
   ④ 인터넷으로 도로 상황을 확인한다.

[9-10] 다음을 듣고 내용과 일치하는 것을 고르십시오.

9. ① 남자는 가방을 교환해 갈 것이다.
② 남자의 실수로 가방끈이 떨어졌다.
③ 남자의 새로 산 가방끈이 떨어졌다.
④ 남자는 가방을 찾으러 다시 가게에 들를 것이다.

10. ① 축제 기간에 해수욕장에서 수영 대회가 열린다.
② 바다를 주제로 그림을 그리는 체험이 준비되어 있다.
③ 축제 기간 동안 유명 밴드의 공연을 무료로 즐길 수 있다.
④ 축제 기간 동안 싱싱한 해산물 요리를 만들어 볼 수 있다.

[11-12] 다음을 듣고 남자의 중심 생각을 고르십시오.

11. ① 요리를 하면 기분도 좋아지고 건강에도 좋다.
② 밖에서 음식을 사 먹으면 속이 안 좋아진다.
③ 어렵고 힘든 요리를 하면 스트레스가 쌓인다.
④ 스트레스를 받았을 때에는 음식을 사 먹는 게 좋다.

12. ① 인터넷 쇼핑몰에서는 절대로 물건을 구입하면 안 된다.
② 인터넷 쇼핑몰과 백화점의 물건값은 차이가 많이 난다.
③ 물건을 살 때 백화점에 가서 사면 후회하지 않을 수 있다.
④ 물건을 직접 확인한 후에 인터넷으로 구입하면 좋은 물건을 싸게 살 수 있다.

[13-14] 다음을 듣고 물음에 답하십시오.

13. 여자의 태도로 알맞은 것을 고르십시오.
① 고객과의 배송 약속을 지키지 못해 사과하고 있다.
② 남자의 불친절한 태도 때문에 화가 나지만 참고 있다.
③ 배송 기사에게 주문 상품을 빨리 배달해 달라고 부탁하고 있다.
④ 물건을 자주 구입하는 고객에게 전화로 감사 인사를 하고 있다.

14. 들은 내용과 일치하는 것을 고르십시오.
① 남자는 주문한 물건을 오늘 배송받을 것이다.
② 남자는 백화점에서 현금을 내고 등산복을 샀다.
③ 남자는 주문한 물건이 잘못 배송되어 교환을 하려고 한다.
④ 남자는 등산복 사이즈가 맞지 않아서 환불을 하려고 한다.

[15-16] 다음을 듣고 물음에 답하십시오.

15. 남자의 생각으로 맞는 것을 고르십시오.
① 보쌈은 건강에 무척 좋은 음식이다.
② 앞으로 더 다양한 한국 음식을 먹어 보고 싶다.
③ 앞으로 많은 한국 친구들에게 고향 음식을 소개해 줄 것이다.
④ 보쌈은 채소에 싸서 먹는 것보다 쌈장에 찍어서 먹는 게 더 맛있다.

16. 들은 내용과 맞는 것을 고르십시오.
① 남자는 고기를 굽거나 튀겨서 요리했다.
② 남자는 요리 대회에서 비빔밥을 만들어 우승했다.
③ 남자는 음식 방송에서 한국 음식을 소개하고 있다.
④ 남자는 맛있고 건강에 좋은 한국 음식에 관심이 많다.

읽기와 쓰기 Reading and Writing

제한 시간 20분 | 내 점수 : / 16

[1] **다음은 무엇에 대한 글인지 고르십시오.**

지난번에 배송받은 구두가 너무 헐렁해서 한 치수 작은 걸로 교환했어요. 그런데 이번엔 너무 꽉 끼네요. 디자인은 정말 마음에 들지만 아무래도 치수가 안 맞아서 못 신을 것 같습니다. 반품할 테니까 카드 결제를 취소해 주시면 감사하겠습니다.

① 배송 신청　　② 교환 신청
③ 상품 신청　　④ 환불 신청

[2] **다음 밑줄 친 부분과 의미가 비슷한 것을 고르십시오.**

주말에 대학로에 갔는데 좀 붐비기는 했지만 전시회도 관람하고 거리 공연도 무료로 볼 수 있어서 정말 신기하고 재미있었다.

① 한산하기는 했지만　　② 깔끔하기는 했지만
③ 복잡하기는 했지만　　④ 다양하기는 했지만

[3] 다음 글의 내용과 같은 것을 고르십시오.

> **아름다운 한국 음식 100가지**
>
> '아름다운 한국 음식 100가지'는 한국을 대표하는 음식 100가지의 요리법과 재료 등을 알려 주는 책이다. 또한 이 책은 해외 한국 음식점에서 외국인들에게 가장 인기 있는 한국 요리 12가지도 소개하고 있는데 1위는 비빔밥, 2위는 삼계탕, 3위는 갈비구이였다. 많은 사람들이 한국의 대표적인 요리로 알고 있는 김치는 9위, 불고기는 11위였다.

① 한국의 음식 종류는 모두 100가지이다.
② 외국인들은 불고기보다 삼계탕을 더 좋아한다.
③ 이 책은 해외에 있는 한국 음식점들을 소개하고 있다.
④ 해외의 음식점에서 가장 인기 있는 한국 음식은 김치다.

[4] 다음을 순서대로 맞게 나열한 것을 고르십시오.

> (가) 파, 마늘, 간장, 설탕, 깨소금, 참기름, 후추를 섞어서 양념을 만든다.
> (나) 마지막으로 양념해 놓은 고기를 프라이팬에 넣고 굽는다.
> (다) 먼저 쇠고기를 등심으로 사서 먹기 좋은 크기로 썬다.
> (라) 양념에 썰어 놓은 쇠고기를 넣고 30분 정도 재운다.

① (가)-(다)-(라)-(나) ② (다)-(가)-(라)-(나)
③ (나)-(가)-(라)-(다) ④ (다)-(라)-(나)-(가)

[5-6] 다음을 읽고 물음에 답하십시오.

> 은정 씨, 미안해요.
> 오늘 연주회에 같이 못 가요. 제가 비자 연장하러 출입국관리사무소에 가야 하거든요. 내일까지 가면 될 줄 알았는데 대사관에 전화해서 물어보니까 오늘까지 꼭 해야 한대요. 어제 갈까 말까 하다가 안 갔는데 (   ). 어떡하지요? 혹시 바바라 씨에게 같이 가겠느냐고 물어보지 그래요? 바바라 씨도 피아노 연주를 아주 좋아하는 것 같던데요. 너무 미안하고 내일 밥이라도 같이 먹어요. 갔다 와서 이따가 전화할게요.

5. (   )에 들어갈 알맞은 것을 고르십시오.
① 오늘 가던데요
② 오늘 가나 봐요
③ 어제 갈 줄 몰랐어요
④ 어제 갈걸 그랬나 봐요

6. 이 글의 내용과 같은 것을 고르십시오.
① 이 사람은 오늘 대사관에 가야 한다.
② 이 사람은 바바라 씨에게 전화할 것이다.
③ 이 사람은 오늘 비자 연장 신청을 할 것이다.
④ 이 사람은 내일 은정 씨와 연주회에 가기로 했다.

[7-8] 다음을 읽고 물음에 답하십시오.

요즘에는 수천 권이 책이 있는 편안한 분위기의 북카페가 유행이다. 이런 큰 북카페들은 대부분 출판사가 직접 만든 곳이다. 특히 '책동네' 출판사의 '책다방'은 하루 평균 400~500명이 찾아오는 인기 카페이다. 이곳에서는 책장에 있는 책들을 마음대로 골라 읽을 수 있고 서점보다 저렴하게 책을 살 수도 있다. 잠이 안 오는 밤에 갈 수 있는 24시간 북카페도 있다.

(   ) 돈 때문이 아니고 출판사를 홍보하고 독자들과 직접 만나기 위해서라고 한다. 출판사 북카페가 앞으로도 시민들에게 더욱 편안한 문화 공간이 되기 바란다.

7. (   )에 들어갈 알맞은 것을 고르십시오.
① 북카페에서 커피를 파는 이유는
② 북카페에 책이 많은 이유는
③ 출판사가 북카페를 만든 이유는
④ 사람들이 북카페에 오는 이유는

8. 이 글의 중심 생각을 고르십시오.
① 책을 읽고 싶으면 카페에 가야 한다.
② 출판사는 북카페를 운영해서 돈을 벌면 안 된다.
③ 북카페에서 책을 사는 것이 서점에서 사는 것보다 낫다.
④ 출판사가 운영하는 북카페가 시민들에게 새로운 문화 공간이 되었다.

[9] **다음 글에서 〈보기〉의 문장이 들어가기에 가장 알맞은 곳을 고르십시오.**

내 고향 포항에는 '과메기'라는 아주 특이한 음식이 있다. (㉠) 이렇게 말린 과메기는 보통 김이나 미역에 싸서 초고추장에 찍어 먹는다. (㉡) 처음엔 약간 맵지만 끝은 달고 고소한 맛이 나서 인기가 많다. (㉢) 과메기와 함께 소주 한 잔을 마시면 코끝에서 고향의 바다 냄새가 나는 것 같다. (㉣)

〈보기〉 과메기는 꽁치나 청어 같은 생선을 겨울 내내 차가운 바닷바람에 말린 것이다.

① ㉠ ② ㉡ ③ ㉢ ④ ㉣

[10] **다음 글의 주제로 가장 알맞은 것을 고르십시오.**

예전에는 외국에 나가지 않고 한국에서 유명한 해외 명품을 구입하기가 쉽지 않았다. 하지만 인터넷이 발달한 요즘에는 인터넷으로 명품 가방, 시계, 지갑 등을 구입할 수 있다. 해외 유명 사이트에서 외국의 상품들을 저렴한 가격에 사서 바로 배송받을 수 있게 된 것이다.

그런데 이렇게 상품을 해외 사이트에서 직접 구입하면 치수가 맞지 않거나 제품에 문제가 있어도 쉽게 반품할 수 없는 단점이 있다. 또 한국에서 제품을 구매한 것보다 해외 배송비나 세금으로 더 많은 돈이 나갈 수 있으니 결제하기 전에 잘 알아보고 사야 한다.

① 해외 명품을 한국에서 사는 것은 쉽지 않다.
② 인터넷으로 해외 명품을 사면 국내에서 사는 것보다 훨씬 싸다.
③ 한국인들이 인터넷으로 많이 구입하는 명품은 가방, 시계, 지갑이다.
④ 인터넷으로 해외 상품을 구매할 때는 치수, 배송비, 세금 등을 잘 알아봐야 한다.

[11-13] 다음을 읽고 물음에 답하십시오.

한국에서 라면을 만들기 시작한 것은 1963년이었다. 이때 처음 나온 라면은 닭고기를 넣어 만든 하얀색 국물 라면이었다. 당시에 보통 사람들은 고기를 많이 먹을 수 없었기 때문에 고기 맛이 나는 라면을 건강 음식이라고 생각했고 값도 별로 싸지 않았다.

1970년대에는 한국인이 좋아하는 매운 쇠고기 국물 라면이 나와서 라면의 인기가 높아졌다. 또 언제 어디서나 쉽게 먹을 수 있는 컵라면도 나왔다. 그리고 80년대에는 짜장라면과 비빔라면 등 여러 종류의 라면이 나와서 라면은 더욱 많이 팔리게 되었다. 현재 한국에서 1년 동안 팔리는 라면은 35억 2천만 개로 중국의 10%이지만, 한 사람이 1년 동안 먹는 라면은 72개로 세계 1위이다.

하지만 2000년대부터는 라면을 많이 먹는 10대와 20대 인구가 줄고 햄버거와 삼각 김밥 같은 다른 종류의 인스턴트 음식이 많아지면서 (   ). 또한 최근에는 건강에 대한 관심이 높아지면서 조미료와 소금이 많이 들어간 라면을 안 먹는 사람도 많아졌다. 이 때문에 라면 회사들은 건강에 좋은 라면을 만들려고 노력하고 있다.

11. 필자가 이 글을 쓴 목적을 고르십시오.
   ① 한국 라면이 많이 팔리게 하려고
   ② 한국 라면의 역사를 알려 주려고
   ③ 한국인이 좋아하는 라면을 소개하려고
   ④ 라면 맛있게 끓이는 법을 알려 주려고

12. (   )에 들어갈 문장으로 가장 알맞은 것을 고르십시오.
   ① 라면이 덜 팔리게 되었다
   ② 누구나 라면을 먹게 되었다
   ③ 라면이 더 잘 팔리기 시작했다
   ④ 아무도 라면을 먹지 않게 되었다

13. 이 글의 내용과 같은 것을 고르십시오.
   ① 한국은 세계에서 라면이 가장 많이 팔리는 나라다.
   ② 한국 사람들은 쇠고기 맛의 매운 라면을 좋아한다.
   ③ 처음 나왔을 때 라면은 밥 대신 먹는 간편한 음식이었다.
   ④ 건강에 대한 관심이 높아지면서 라면은 더욱 잘 팔리게 되었다.

[14–15] **다음을 읽고 (   )에 들어갈 말을 각각 한 문장으로 쓰십시오.**

〈요리 천국〉

출출할 때, 갑자기 손님이 왔을 때,
14. (   ) 때,
아무것도 걱정하지 마세요. 여러분 가까이에 저희 '요리 천국'이 있습니다.
저희는 언제나 15. (   )
지금 당장 전화 주세요. 빨리빨리 요리 천국, 8282–6279

[16] **다음을 주제로 하여 자신의 생각을 쓰십시오. (200~300자)**

- 그곳은 무엇을 파는 곳입니까? 어디에 있습니까?
- 그 가게 근처나 그 가게 안의 모습을 자세히 묘사해 보세요.
- 그 가게에 자주 가는 이유는 무엇입니까? 그 가게의 어떤 점이 좋습니까?

나의 단골 가게

발음 Pronunciation

1. 잘 들어 보세요. track 13

1. 물이 끓으면 재료를 넣으세요.
2. 치마 길이가 적당한 것 같아요.
3. 계속 일하느라고 바빴거든요.

2. 잘 듣고 발음에 주의하여 읽어 보세요. track 14

1. 이태원에는 외국 사람이 참 많네요.
2. 옆집에 누가 새로 이사를 왔어요.
3. 탁자를 침대 옆에 놓는 게 좋겠어요.
4. 대학교 입학시험을 봤거든요. 그런데 합격했어요.

3. 친구와 연습해 보세요. track 15

1. A : 커피에 설탕을 넣을까요?
   B : 네, 한 스푼만 넣어 주세요.
2. A : 책이 너무 많네요. 좀 들어 줄까요?
   B : 네, 감사합니다.
3. A : 식사하셨어요?
   B : 네, 방금 전에 먹고 왔어요.
4. A : 수업 끝나고 같이 영화 볼까?
   B : 미안. 오늘 다른 약속이 있거든.

말하기 Speaking

다음 그림을 보고 친구에게 이야기해 주세요.

1.

2.

역할극 하기 Role-play

A와 B로 역할을 나누어 이야기해 보세요.

1. 누가 어떤 역할을 할지 정하세요.

A	B
회사에서 다음 달에 워크숍을 간다고 합니다. 그런데 신입 사원인 나에게 워크숍 장소를 정하고 계획을 세우라고 합니다. 여행 정보를 많이 알고 있는 대학 선배를 만나 조언을 들으려고 합니다.	나는 평소에 여행을 자주 해서 여행 정보를 많이 알고 있는 편입니다. 이번에 대학 후배가 회사 워크숍을 준비해야 한다고 합니다. 그래서 좋은 장소와 일정을 추천해 달라고 합니다.

2. 잠깐 생각해 봅시다.

A	B
1. 인사 • 선배의 안부 묻기 • 회사 생활의 어려움을 말하고 선배의 조언 구하기 **2. 워크숍에 대한 간단한 정보 전달하기** • 워크숍 가는 목적 • 인원 • 상사의 취향 **3. 워크숍 장소와 일정에 대한 조언 구하기** • 숙소 • 관광지 • 음식 ⋮	**1. 인사** • 후배의 안부 묻기 • 후배의 회사 생활에 대해 묻기 **2. 워크숍에 대한 정보 물어보기** **3. 워크숍 장소와 일정에 대해 후배에게 제안하기** • 숙소 • 관광지 • 음식 ⋮

3. 친구와 역할극을 해 보세요.

7 껐다가 다시 켜 보세요

Turn it off and then turn it back on

어 휘
- 고장과 수리
  Breakdowns and repairs

문법과 표현
- V–았다가/었다가
- A–(으)ㄴ데도, V–는데도, N인데도
- A/V–더니
- V–도록 하다

문형 연습

어 휘 Vocabulary

연 습 1 빈칸에 알맞은 단어를 골라 대화를 완성하세요.

탈수가 안되다	이상한 소리가 나다	전화가 끊기다	채소가 얼다
온도 조절이 안되다	화면이 안 나오다	액정이 나가다	종이가 걸리다

[보기] A : 세탁기가 고장 났다고 하셨지요?
B : 네, 어제부터 탈수가 안돼요.

1) A : 텔레비전이 고장 났다고 하셨지요?

B : 네, 소리는 들리는데 ______________________.

2) A : 복사기가 어떻게 안되는지 말씀해 주시겠어요?

B : 복사할 때마다 ______________________.

3) A : 새로 산 휴대폰을 왜 바꿨어요?

B : ______________________.

4) A : 보일러가 고장 났다고 하셨지요?

B : 네, ______________________.

5) A : 냉장고가 어떻게 안되는지 설명해 주시겠어요?

B : 냉장실*에 넣어 둔 ______________________.

6) A : 왜 수리 센터에 전화했어요?

B : 에어컨에서 ______________________.

냉장실 refrigerator

연 습 2 빈칸에 알맞은 단어를 골라 문장을 완성하세요.

(전원을) 켜다 / 끄다	(수돗물을) 틀다 / 잠그다
(시동을) 걸다 / 끄다	(플러그를) 꽂다 / 빼다

1) 손을 씻은 후에는 꼭 ______________________ 주세요.

2) 주유소*에서 기름을 넣을* 때 ______________________야 돼요.

3) 오랫동안 사용하지 않는 전자 제품은 ______________________ 놓으세요.

4) 휴대폰에 물이 들어갔을 때는 ______________________지 않는 것이 좋습니다.

연 습 3 다음 단어를 사용하여 고장 원인에 대해 이야기해 보세요.

(물에) 빠뜨리다　(땅에) 떨어뜨리다　(음료수를) 쏟다　(먼지가) 끼다

휴대폰	노트북
시계	환풍기*

어쩌다가 휴대폰이 고장 났어요?

급하게 전화를 받다가 땅에 떨어뜨려서 액정이 나갔어요.

주유소 gas station　기름을 넣다 to put in fuel (gas/diesel)　환풍기 ventilator

문법과 표현 Grammar and Expression

1. V-았다가/었다가

연 습 1 [보기]와 같이 대화를 완성하세요.

[보기]

끄다
(방이 어둡다)
켜다

A : 왜 불을 안 껐어요?
B : 불을 껐다가 방이 어두워서 다시 켰어요.

1) 친구 집에 가다 (친구가 없다) 다시 오다

A : 왜 친구 집에 안 갔어요?
B : ______________________________.

2) 밖에 나가다 (지갑을 두고 가다) 들어오다

A : 왜 밖에 안 나갔어요?
B : ______________________________.

3) 편지를 쓰다 (잘못 쓰다) 찢다

A : 왜 편지를 안 썼어요?
B : ______________________________.

4) 그 옷을 사다 (마음에 안 들다) 다른 옷으로 바꾸다

A : 왜 그 옷을 안 샀어요?
B : ______________________________.

5) 안경을 쓰다 (안 어울리다) 벗다

A : 왜 새로 산 안경을 안 써요?
B : ______________________________.

6) 참석하다 (사정이 있다) 일찍 돌아오다

A : 왜 결혼식에 참석 안 했어요?
B : ______________________________.

7) 예약하다 (일정이 바뀌다) 취소하다

A : 왜 그 호텔에 예약을 안 했어요?
B : ______________________________.

연 습 2 알맞은 것을 골라 [보기]와 같이 대화를 완성하세요.

[보기] A : 왜 버스에서 금방 내렸어요?
B : 버스를 (탔다가 / 타다가) 잘못 타서 내렸어요.

1) A : 토니 씨, 어떻게 하다가 다리를 다쳤어요?

B : 축구를 (하다가 / 했다가) 넘어져서 다쳤어요.

2) A : 오늘은 왜 구두를 안 신고 운동화를 신고 왔어?

B : 구두를 (신다가 / 신었다가) 발이 아파서 운동화로 갈아 신었어.

3) A : 벌써 일어났어? 좀 더 자도 되는데…….

B : 잠을 (자다가 / 잤다가) 무서운 꿈을 꾸었어요.

4) A : 숙제를 아직 다 못 했어요?

B : 숙제를 (하다가 / 했다가) 친구가 와서 노느라고 못 끝냈어요.

5) A : 바깥 경치가 좋은데 창문 옆 자리에 앉지 그랬어?

B : 창문 옆에 (앉다가 / 앉았다가) 너무 추워서 방금 자리를 옮겼어.

6) A : 요즘은 한국어 배우러 학원에 안 다녀요?

B : 네, 학원에 (다니다가 / 다녔다가) 회사 일이 바빠져서 그만뒀어요.*

7) A : 동생이 아직 병원에 입원해 있어요?

B : 아니요. (입원하다가 / 입원했다가) 병이 다 나아서 퇴원했어요.

*그만두다 to quit

2. A-(으)ㄴ데도, V-는데도, N인데도

연 습 1 [보기]와 같이 대화를 완성하세요.

> [보기] A : 김치가 매워서 아이가 잘 못 먹지요?
> B : 아뇨, 김치가 매운데도 아이가 잘 먹어요.

1) A : 그 시계가 너무 비싸서 많이 안 팔리지요?

B : 아뇨, ________________________________.

2) A : 날씨가 추우니까 공연장에 사람들이 많이 안 왔지요?

B : 아뇨, ________________________________.

3) A : 비가 와서 축구 경기가 취소됐지요?

B : 아뇨, ________________________________.

4) A : 기숙사에 사니까 돈이 많이 안 필요하지요?

B : 그렇지 않아요. ________________________________.

5) A : 마이클 씨는 부자라서 걱정이 없겠지요?

B : 아니요, ________________________________.

6) A : 세일 기간이니까 백화점이 많이 붐비지요?

B : 이상해요. ________________________________.

연 습 2 [보기]와 같이 대화를 완성하세요.

[보기] A : 공부를 많이 했으니까 시험을 잘 봤지요?
B : 아뇨, 공부를 많이 했는데도 시험을 잘 못 봤어요.

1) A : 한국에 온 지 오래됐으니까 한국 생활이 어렵지 않지요?

B : ______________________________.

2) A : '전원' 버튼을 눌렀으니까 전원이 켜질 거예요.

B : ______________________________.

3) A : 옷을 많이 입었으니까 춥지 않지요?

B : ______________________________.

4) A : 줄리앙 씨는 잘생겼으니까 여자 친구가 있을 거야.

B : ______________________________.

5) A : 세탁기를 수리했으니까 이제 빨래가 잘되지요?

B : ______________________________.

6) A : 방학했으니까 시간이 많지요?

B : ______________________________.

7) A : 약을 먹고 주사를 맞았으니까 열이 내렸지요?

B : ______________________________.

3. A/V-더니

연 습 1 그림을 보고 [보기]와 같이 문장을 만드세요.

[보기]

엄마가 있을 때는 아이가 웃었어요.
엄마가 나가니까 울어요.
→ <u>엄마가 있을 때는 아이가 웃더니 엄마가 나가니까 울어요</u>.

1) 

동생이 시험 때는 열심히 공부했어요.
시험이 끝나니까 공부를 안 해요.
→ ______________________________ ______________.

2) 

비가 올 때는 밖에 사람이 없었어요.
비가 그치니까 사람이 많아졌어요.
→ ______________________________ ______________.

3) 

두 사람이 지난주에는 잘 지냈어요.
오늘은 싸워서 말도 안 해요.
→ ______________________________ ______________.

4) 

백화점 세일 때는 물건값이 쌌어요.
세일이 끝나니까 값이 올랐어요.*
→ ______________________________ ______________.

5) 

언니가 돈이 많을 때는 쇼핑을 자주 했어요.
돈이 없으니까 쇼핑을 안 해요.
→ ______________________________ ______________.

6) 

일요일에는 차가 많았어요.
월요일에는 차가 없어요.
→ ______________________________ ______________.

값이 오르다 to rise in price

연 습 2 [보기]와 같이 문장을 만드세요.

[보기] 친구가 운동을 열심히 했다 + 건강해졌다

→ 친구가 운동을 열심히 하더니 건강해졌어요.

1) 동생이 어릴 때부터 똑똑했다 + 서울대학교에 입학했다

→ ________________.

2) 자동차에 문제가 많았다 + 결국* 큰 고장이 났다

→ ________________.

3) 동생이 물을 많이 마셨다 + 화장실에 자주 가다

→ ________________.

4) 친구가 열심히 돈을 모았다 + 새 차를 샀다

→ ________________.

5) 친구가 공부를 열심히 했다 + 100점을 받았다

→ ________________.

6) 형이 축구를 열심히 했다 + 축구 선수가 되었다

→ ________________.

7) 여동생이 책을 많이 읽었다 + 똑똑해졌다

→ ________________.

8) 남자 친구가 머리를 잘랐다 + 멋있어졌다

→ ________________.

* 결국 eventually

연 습 3 [보기]와 같이 대화를 완성하세요.

[보기] A : 지금도 비가 와요?
B : 아니요, 아까까지 오더니 지금은 그쳤어요.
네, 어제부터 비가 내리더니 홍수가 났어요.

1) A : 요즘도 야채값이 비싸요?
B : 아니요, 지난주까지 ______________________.

2) A : 누나가 요즘 많이 아프다고 들었어요.
B : 네, ______________________.

3) A : 동대문시장이 지금도 많이 붐벼요?
B : 아니요, 새벽에는 ______________________.

4) A : 아이가 요즘도 공부를 열심히 하지요?
B : 아니요, 어렸을 때는 ______________________.

5) A : 지연 씨가 요즘 많이 예뻐졌네요.
B : 네, ______________________.

6) A : 동생이 어렸을 때도 키가 컸어요?
B : 아니요, 초등학생 때는 ______________________.

7) A : 줄리앙 씨가 장학금을 받았다고 하던데요.
B : 네, ______________________.

8) A : 지금도 길이 막혀요?
B : 아니요, 출근 시간에는 ______________________.

9) A : 샤오밍 씨가 감기에 걸렸나 봐요.
B : 네, ______________________.

10) A : 찌개가 너무 뜨겁지요*?
B : 아니요, 아까는 ______________________.

뜨겁다 to be hot(temperature)

4. V-도록 하다

연 습 1 [보기]와 같이 대화를 완성하세요.

[보기] A : 모임에 늦어서 죄송합니다.
B : 다음부터는 <u>늦지 않도록 하세요</u>. (늦다)

1) A : 행사 준비를 제대로 못해서 죄송합니다.
   B : 앞으로는 ______________________. (실수하다)

2) A : 선생님, 커피를 많이 마시면 안 좋은가요?
   B : 네, 세 잔 이상 ______________________. (마시다)

3) A : 전기 요금이 너무 많이 나와요.
   B : 외출할 때에는 불을 ______________________. (켜 놓다)

4) A : 어젯밤에 많이 먹고 잤더니 아침부터 배가 아프네요.
   B : ______________________. (과식하다*)

연 습 2 빈칸에 알맞은 말을 넣어 문장을 완성하세요.

한국어를 빨리 배우려면

1) ______________________도록 하세요.
2) ______________________지 않도록 하세요.

휴대폰을 오랫동안 사용하고 싶으면

3) ______________________도록 하세요.
4) ______________________지 않도록 하세요.

건강을 지키려면

5) ______________________도록 하세요.
6) ______________________지 않도록 하세요.

과식하다 to overeat

문형 연습 Pattern Practice

track 16

연 습 1

[보기] **선생님** (T) 아직 안 일어났어요?
학 생 (S) (졸리다) 일어났다가 졸려서 다시 잤어요.

1. T 아직 안 나갔어요?
   S (비가 오다) ______________________.
2. T 아직 불을 안 껐어요?
   S (어둡다) ______________________.
3. T 아직 모자를 안 벗었어요?
   S (춥다) ______________________.
4. T 아직 창문을 안 닫았어요?
   S (덥다) ______________________.

연 습 2

[보기] **선생님** (T) 약을 먹어서 열이 내렸지요?
학 생 (S) 아뇨, 약을 먹었는데도 열이 안 내려요.

1. T 난로를 켜서 따뜻해졌지요?
   S ______________________.
2. T 텔레비전을 고쳐서 잘 나오지요?
   S ______________________.
3. T 열심히 공부했으니까 시험을 잘 봤지요?
   S ______________________.
4. T 김치가 매워서 잘 못 먹었지요?
   S ______________________.

연 습 3

[보기] **선생님** (T) 날씨가 많이 따뜻해졌지요?
학 생 (S) (지난주까지 추웠다) 네, 지난주까지 춥더니 따뜻해졌어요.

1. T 아이가 이제 자요?
   S (조금 전까지 울었다) ______________________________.
2. T 밖이 조용해졌네요.
   S (조금 전까지 시끄러웠다) ______________________________.
3. T 동생이 요리사예요?
   S (음식 만들기를 좋아하다) ______________________________.
4. T 아이가 건강해졌네요.
   S (밥을 많이 먹다) ______________________________.

연 습 4

[보기] **선생님** (T) 몇 시까지 송년회에 가면 됩니까?
학 생 (S) (저녁 6시) 저녁 6시까지 오도록 하세요.

1. T 언제까지 보고서를 내면 됩니까?
   S (이번 주 금요일) ______________________________.
2. T 며칠까지 일을 끝내면 될까요?
   S (다음 달) ______________________________.
3. T 약을 언제 먹어야 돼요?
   S (식사 후) ______________________________.
4. T 회의 자료를 언제 보내면 됩니까?
   S (내일 오후) ______________________________.

8 교통사고가 났다고요?

There was a traffic accident?

어 휘

- 사고
  Accident

문법과 표현

- V-다(가)
- A-다고(요), V-ㄴ다고/는다고(요), N(이)라고(요)
- 아무리 A/V-아도/어도
- A/V-아야/어야 할 텐데(요)

문형 연습

어 휘 Vocabulary

연 습 1 운전할 때 어떻게 해야 할까요? 문장을 완성하세요.

1) 

________________야 한다.

2) 

________________야 한다.

3) 

________________야 한다.

4) 

____________________지 말아야 한다.

5) 

____________________지 말아야 한다.

6) 

____________________지 말아야 한다.

연 습 2 다음 일기를 읽고 알맞은 단어를 넣어 문장을 완성하세요.

사고가 나다	사고를 내다	사고를 당하다

1) 어제 행복초등학교 앞 교차로에서 신호를 어긴 택시가 길을 건너는 어린이를 치고* 도망가는* ______________습니다.

2) ________________ 택시 기사는 사고 장소에 어린이를 그대로 두고 뺑소니를 쳤지만* 오늘 아침 경찰에 잡혔습니다.

3) ______________ 김 모 군은 현재 서울어린이병원에서 치료를 받고* 있습니다.

치다 to hit　도망가다 to run away; flee　뺑소니를 치다 to hit and run　치료를 받다 to get treatment

연 습 3 빈칸에 알맞은 단어를 골라 대화를 완성하세요.

수술하다	입원하다	부러지다	찢어지다	
깁스를 하다	퇴원하다	문병을 가다	삐다	꿰매다

의　사 : 어떻게 오셨어요?

스티븐 : 지하철을 타려고 뛰어가다가 발을 1) ______________.

의　사 : 어디 좀 봅시다. 별로 심하지 않으니까 2주일 정도 2) ______________고 있으면 좋아질 겁니다.

스티븐 : 지하철 문에 부딪히면서 얼굴도 좀 3) ______________.

의　사 : 머리 쪽에도 피가 좀 났네요. 여긴 몇 바늘* 4) ______________야 할 것 같네요. 다른 이상은 없는지 먼저 검사를 하는* 게 좋겠어요.

스티븐 : 그럼 병원에 5) ______________야 하나요?

의　사 : 아니요, 그럴 필요는 없을 것 같습니다.

연 습 4 다음과 같은 사고가 났을 때 어떻게 해야 할까요?

1) 

______________을 때 •　　　• 벽에 쓰여 있는 전화번호로 연락하거나 119에 전화한다.

2) 

______________을 때 •　　　• 물린 곳에서 5~10cm 위를 묶은 후 빨리 병원에 간다.

3) 

______________을 때 •　　　• 팔다리를 크게 움직이지 말고 누워서 조금씩 앞으로 간다.

바늘 needle　검사를 하다 to check up

문법과 표현 Grammar and Expression

1. V-다(가)

연 습 1 그림을 맞게 연결하고 아래 대화를 완성하세요.

1) A : 얼굴에 상처가 났네요. 어떻게 하다가 다쳤어요?

   B : ______________________________.

2) A : 교통사고를 당했다고 들었어요. 어쩌다가* 사고가 났어요?

   B : ______________________________.

3) A : 많이 아파요? 어쩌다가 감기에 걸렸어요?

   B : ______________________________.

4) A : 발목을 삐었나 봐요. 어떻게 하다가 다쳤어요?

   B : ______________________________.

어쩌다가 how come

연 습 2 그림을 보고 대화를 완성하세요.

A : 어서 와요. 히엔 씨.

B : 유진 씨, 생일 축하해요. 제가 좀 늦었지요? 지하철에서 1) ____________ 내릴 역을 놓쳤어요. 근데 아직 아무도 안 왔어요?

A : 네, 조금 전에 민수 씨하고 알리 씨한테 늦는다고 연락이 왔어요.

B : 그래요? 무슨 일이 있대요?

A : 아니요, 회사에서 나오는데 중요한 전화가 와서 2) ____________ 늦게 출발했대요. 그리고 미나 씨는 3) ____________ 넘어져서 다리를 좀 다쳤나 봐요.

B : 어머, 많이 다쳤대요?

A : 상처가 나서 약국에 들렀다가* 금방 온대요.

⋮

A : 여보세요? 마리코 씨, 지금 어디예요?

B : 식당 근처인데요. 교통사고가 나서 한 20분쯤 늦을 것 같아요.

A : 네? 교통사고요? 마리코 씨, 괜찮아요?

B : 4) ____________ 앞차하고 살짝 부딪쳤는데 괜찮아요.

A : 알겠어요. 조심해서 천천히 오세요.

B : 참, 켈리 씨도 지금 저하고 같이 있어요. 최대한 빨리 갈게요.

들르다 to stop/drop in

2. A-다고(요), V-ㄴ다고/는다고(요), N(이)라고(요)

연 습 1 [보기]와 같이 대화를 완성하세요.

> [보기] A : 오늘 회사 동료하고 삼청동 카페에 갈 거예요.
> B : 네? 누구하고 갈 거라고요?
> A : 회사 동료*하고 갈 거라고요.

1) A : 저 다음 주부터 휴가예요.
   B : 잘 못 들었어요. ____________________?
   A : ____________________________.

2) A : 우리 영화관 앞에서 만나요.
   B : 전화가 자꾸 끊기네요. ____________________?
   A : ____________________________.

3) A : 일을 하다가 모르는 것이 있으면 민수 씨에게 물어보세요.
   B : 네? ____________________? 다시 한번 말씀해 주세요.
   A : ____________________________.

4) A : 이따가 집에 올 때 우유 좀 사 와. 우유가 다 떨어졌어.
   B : ____________________? 엘리베이터 안이라서 잘 안 들렸어요.
   A : ____________________________.

연 습 2 [보기]와 같이 대화를 완성하세요.

> [보기] A : 일기 예보에서 오늘 하루 종일 흐리고 비가 온다고 했어요.
> B : 흐리고 비가 온다고요? 날씨가 이렇게 좋은데요?

1) A : 이 치마 어때요? 저한테 너무 길지요?
   B : 네? ____________________________? 너무 짧아서 불편할 것 같은데요.

2) A : 줄리앙 씨가 다음 달에 결혼한대요.
   B : 네? ____________________________? 저는 줄리앙 씨한테 여자 친구가 있는 줄도 몰랐어요.

3) A : 100만 원만 빌려주세요. 월급 받으면 갚을게요*.
   B : 네? ____________________________? 저도 이번 달 생활비가 모자라서 걱정이에요.

4) A : 늦잠을 자느라고 회의에 참석하지 못했어요.
   B : 네? ____________________________? 과장님이 화가 많이 나셨겠네요.

회사 동료 colleague (돈을) 갚다 to pay back

[보기] A : 샤오밍 씨 생일이 언제예요?
B : 네?
A : 샤오밍 씨 생일이 언제냐고요.

5) A : 오늘 저녁에 뭐 먹고 싶어요?
B : 뭐라고요?
A : ______________________________.

6) A : 서울역에 가려면 몇 번 버스를 타야 해요?
B : 뭐라고 하셨어요?
A : ______________________________.

7) A : 이번 주말에 뭐 할 거예요?
B : 네?
A : ______________________________.

8) A : 어제 본 영화가 어땠어요?
B : 네?
A : ______________________________.

연습 3 '-다고(요)'를 써서 대화를 완성하세요.

A : 여보세요. 김민수 휴대폰입니다.
B : 아, 여보세요. 저는 민수 씨 회사 동료인데요.
A : 누구 1) __________? 좀 크게 말씀해 주세요.
B : 저는 민수 씨 회사 동료 아키라라고 하는데요.
A : 아, 아키라 씨. 저 민수 엄마인데요, 민수는 잠깐 밖에 나갔어요.
B : 네? 어디에 2) __________?
A : 잠깐 3) ______________. 금방 올 거예요.
B : 아, 네. 알겠습니다. 그럼 민수 씨한테 전화 좀 해 달라고 전해* 주시겠어요?
A : 네, 그럴게요.

⋮

A : 여보세요. 김민수 휴대폰입니다.
B : 여보세요. 저 아까 전화한 아키라인데요. 민수 씨한테 연락이 없어서요.
A : 글쎄, 아직 안 왔네요. 괜찮으면 나한테 얘기해요. 민수 오면 전해 줄게요.
B : 그럼 죄송하지만 내일 8시에 홍제역에서 만나자고 전해 주시겠어요?
A : 네? 어디에서 4) ______________?
B : 5) ______________________.
A : 아, 8시에 홍대역에서 6) ______________?
B : 아니요, 홍대역이 아니라 홍제역요.
A : 알겠어요. 민수 오면 꼭 전해 줄게요.

* 전하다 to tell someone something

3. 아무리 A/V-아도/어도

연 습 1 맞는 것끼리 연결하고 [보기]와 같이 문장을 완성하세요.

책이 비싸다 •	• 병원에 안 가다
몸이 아프다 •	• 금방 더러워지다
날씨가 덥다 •	• 이해할 수 없다
밥을 먹다 •	• 꼭 사야 하다
방을 청소하다 •	• 병이 낫지 않다
설명을 듣다 •	• 계속 배가 고프다
치료를 받다 •	• 긴바지를 입다

[보기] 책이 아무리 비싸도 꼭 사야 해요.

1) ______________________________.

2) ______________________________.

3) ______________________________.

4) ______________________________.

5) ______________________________.

6) ______________________________.

연 습 2 [보기]와 같이 대화를 완성하세요.

[보기]

A : 안경 찾았어요?

B : 아니요, 아무리 찾아도 없어요.

1) A : 피곤해 보여요. 어제 잠을 못 잤어요?

B : 아니요, 많이 잤는데 ____________________.

2) A : 바바라 씨와 통화했어요?

B : 아니요, ____________________.

3) A : 어머니, 오늘은 너무 바빠서 아침을 못 먹겠어요.

B : 안 돼. ____________________.

4) A : 커피를 마셔서 이제 안 졸리죠*?

B : 요즘 제가 좀 이상해요. ____________________.

5) A : 켈리는 머리가 좋으니까 이 문제를 풀 수 있을 거야.

B : 글쎄, ____________________.

6) A : 지난번에 본 영화를 왜 또 보고 있어요? 질리지* 않아요?

B : 영화가 너무 재미있어서 ____________________.

7) A : 일이 너무 힘들면 그만두지 그래요?

B : 안 돼요. ____________________.

다음 학기 등록금을 마련해야* 되거든요.

졸리다 to be sleepy 질리다 to be sick and tired of 마련하다 to prepare something

4. A/V-아야/어야 할 텐데(요)

연 습 1 [보기]와 같이 대화를 완성하세요.

[보기] A : 아키라 씨가 교통사고가 나서 학교에 못 온대요.
B : 저도 들었어요. 빨리 나아야 할 텐데요.

1) A : 마이클 씨가 다리를 다쳐서 병원에 입원했대요.
B : 어떡해요. ________________.

2) A : 어제 마리코 씨 강아지가 없어졌대요.
B : 걱정이네요. ________________.

3) A : 이틀 전에 동물원에서 도망친 곰을 아직 못 잡았대요.
B : 큰일이네요. ________________.

4) A : 형이 졸업한 지 1년이 지났는데 아직 취직을 못 했어요.
B : 걱정이네요. ________________.

5) A : 주말에 한국대학교와 축구 경기를 해요.
B : 네, 저도 들었어요. ________________.

6) A : 내일 체육 대회를 하기로 했는데 비가 오면 어떡하지요?
B : 네, 저도 걱정이에요. ________________.

7) A : 내일 아침 6시 비행기를 타야 한다고요?
B : 네, ________________ 걱정이에요.

8) A : 다음 학기에 장학금을 신청했다고 들었어요.
B : 네, ________________ 걱정이에요.

연 습 2 다음을 넣어 대화를 완성하세요.

–(으)ㄹ 텐데	–(으)ㄹ 테니까	–아야/어야 할 텐데

1) A : 벌써 밤 9시네요. 저 먼저 가 봐야겠어요.

B : 내가 나중에 차로 ______________ 좀 더 이야기하다가 가요.
(데려다주다)

2) A : 냉장고가 고장 났어요. 수리 센터에 전화 좀 해 봐요.

B : 오늘은 일요일이라서 수리 센터가 ______________ 어떡하지요?
(문을 닫다)

3) A : 히엔 씨가 아르바이트를 시작했는데 하루 종일 서서 일해야 한대요.

B : 그렇게 계속 서서 일하면 ______________ 걱정이네요.
(다리가 많이 아프다)

4) A : 그 소식 들었어요? 샤오밍 씨가 한국 노래 부르기 대회에 참가한대요.

B : 그래요? 꼭 ______________요. 우리 같이 응원하러* 가요.
(상을 타다)

5) A : 일이 아직 많이 남았어요? 저 먼저 갈까요?

B : 아니에요. 곧 ______________ 잠깐만 기다려 주세요. 같이 가요.
(나가다)

6) A : 수미 씨 동생이 이번에 대학 입학시험을 본대요.

B : 그래요? 꼭 ______________요.
(합격하다)

7) A : 프엉 씨가 고향에 돌아가서 한국 식당을 열었대요.

B : 그래요? ______________요.
(장사가 잘되다*)

응원하다 to cheer 장사가 잘되다 to have business go well; sell a lot

문형 연습 Pattern Practice

track 17

연습 1

[보기] 선생님 (T) 어떻게 하다가 사고가 났어요?
학 생 (S) (과속을 하다) 과속을 하다가 사고가 났어요.

1. T 어떻게 하다가 손을 다쳤어요?
   S (집을 수리하다) ______________________.
2. T 왜 병이 났어요?
   S (늦게까지 일하다) ______________________.
3. T 어제 왜 잠을 못 잤어요?
   S (휴대폰으로 게임을 하다) ______________________.
4. T 왜 아직까지 점심을 못 먹었어요?
   S (회의 자료를 만들다) ______________________.

연습 2

[보기] 선생님 (T) 열차 안에 지갑을 놓고 내렸어요.
학 생 (S) 네? 지갑을 놓고 내렸다고요?

1. T 어젯밤에 우리 집에 도둑이 들었어요.
   S 네? ______________________?
2. T 회사 앞 카페에서 지금 커피를 무료로 줘요.
   S 네? ______________________?
3. T 오늘이 알리 씨 생일이에요.
   S 네? ______________________?
4. T 이 구두 예쁘지요? 인터넷에서 만 원을 주고 샀어요.
   S 네? ______________________?

연습 3

[보기] **선생님** (T) 일을 다 끝냈어요?
학 생 (S) (하다, 안 끝나다) 아뇨, 아무리 해도 안 끝나요.

1. T 그 문제를 풀었어요?
   S (생각하다, 모르겠다) ________________________.
2. T 지갑 찾았어요?
   S (찾다, 안 보이다) ________________________.
3. T 감기 다 나았어요?
   S (약을 먹다, 안 낫다) ________________________.
4. T 아이를 찾았어요?
   S (부르다, 대답이 없다) ________________________.

연습 4

[보기] **선생님** (T) 발표 준비를 아직 못 했어요.
학 생 (S) 발표 준비를 빨리 해야 할 텐데 걱정이네요.

1. T 방을 아직 못 구했어요.
   S ________________________.
2. T 가방을 아직 못 찾았어요.
   S ________________________.
3. T 그 일을 아직 못 끝냈어요.
   S ________________________.
4. T 비자를 아직 못 받았어요.
   S ________________________.

9 한글날에 대해 들어 봤어요?

Have you heard of Hangeul Proclamation Day?

어 휘

- 기념일
  Commemorative day

문법과 표현

- N을/를 위해(서), V–기 위해(서)
- V–아지다/어지다
- A–(으)ㄴ데도 불구하고, V–는데도 불구하고, N인데도 불구하고
- N에 대해(서), N에 대한 N

문형 연습

어 휘 Vocabulary

연 습 1 단어 설명을 잘 읽고 [보기]에서 알맞은 단어를 골라 써넣으세요.

[보기]

기념하다	기념식	기념행사	국경일	명절	독립 기념일
삼일절	광복절	개천절	한글날	어린이날	어버이날
현충일	식목일	축사	행진	불꽃놀이	통일
글자	근로자	출근	달다	스승	국기

1.		2.	■	■	4.	■	6.	■	■	■	■
■	■		■	■		■		■	■	9. 축	■
3.			■	5.		■	7.		8.	사	■
	■	■	■	■	■	■		■		■	20.
■	■	■	10.	■	12.	■		■	■	■	
■	■	■		■		■	■	■	■	18.	■
■	11.			■		■	■	■	■	19.	
■	■	■	■	13.		■	17.				■
14. 출	15. 근	■	■	■	■	■		■	■	■	■
■		■	■	16.				■	■	■	21.
■		■	■	■	■	■		■	22.		

가로 열쇠

1. 어떤 일을 기념하고 축하하기 위해 하는 식.
   예) 내일 삼일절 □□□이 종로에서 열립니다. 많이 참석해 주세요.

3. 나라의 기쁜 일을 축하하려고 정한 기념일.

5. 설날, 추석과 같은 날.

7. 어떤 일을 기억하거나 축하하기 위해 하는 여러 가지 행사.

11. 1919년 3월 1일에 일어난 독립운동을 기념하는 날.

13. 물건을 어떤 장소에 걸거나 붙이다.
    예) 집집마다 국기를 □□, 가슴에 꽃을 □□.

14. 일하러 회사에 가는 것.
    예) □□ 시간에는 항상 길이 막혀요.

16. 

17. 5월 5일.

19. 세종대왕이 한글을 만들기 전까지 한국에는 □□가 없었다.

22. 나라를 위해 싸우다가 죽은 사람들을 기념하는 날, 6월 6일.

세로 열쇠

2. 나무 심는 날.

3. 한국의 □□는 태극기()입니다.

4. 한국이 일본으로부터 독립한 것을 기념하는 날, 8월15일.

6. 다른 나라로부터 독립한 것을 기념하는 날.

8. 

9. 축하하는 글이나 말.

10. 단군이 한국을 처음 세운 날을 기념하는 날, 10월 3일.

12. 마음에 두고 기억하다.

15. 일을 해서 돈을 벌어 생활하는 사람.

17. 부모님께 감사하는 날, 5월 8일.

18. 세종대왕이 한글을 만든 것을 기념하는 날.

20. 5월 15일은 선생님께 감사하는 □□의 날이에요.

21. 나누어진 것들이 하나로 모이다. 남북 □□

문법과 표현 Grammar and Expression

1. N을/를 위해(서), V-기 위해(서)

연 습 1 가장 어울리는 것끼리 연결하고 아래 대화를 완성하세요.

여행 가기 위해서 •	• 한국에 왔다
통일을 위해서 •	• 저금하고 있다
한국어를 배우기 위해서 •	• 부동산에 들렀다
건강을 위해서 •	• 기도하고 있다
이사할 집을 알아보기 위해서 •	• 아침마다 운동한다

1) A : 왜 한국에 왔습니까?
   B : ______________________________.

2) A : 왜 그렇게 열심히 저금하십니까*?
   B : ______________________________.

3) A : 왜 부동산에 들렀습니까?
   B : ______________________________.

4) A : 왜 열심히 기도합니까*?
   B : ______________________________.

5) A : 왜 아침마다 운동합니까?
   B : ______________________________.

저금하다 to deposit; put away money　기도하다 to pray

연 습 2 [보기]와 같이 대화를 완성하세요.

[보기] A : 사람들이 산에 나무를 많이 심고 있네요.
B : 네, 홍수를 막기 위해서 산에 나무를 많이 심어야 하거든요.

1) A : 그 반지는 처음 보는데 새로 샀어요?
B : ______________________________.

2) A : 자격증을 10개나 땄다고요*? 대단하네요.
B : ______________________________.

3) A : 오늘 대사관에 간다고 들었어요. 왜요?
B : ______________________________.

4) A : 유진 씨가 어렸을 때 어머니가 왜 직장을 그만두셨어요?
B : ______________________________.

연 습 3 [보기]와 같이 문장을 완성하세요.

[보기] 친구를 위해서 친구가 힘들 때 옆에 있어 준다.

1) 가족을 위해서 ______________________________.

2) 사랑을 위해서 ______________________________.

3) 내 미래를 위해 ______________________________.

4) 세계 평화를 위해 ______________________________.

* 자격증을 따다 to get a qualification certificate/licence

2. V-아지다/어지다

연 습 1 [보기]와 같이 쓰세요.

[보기] 고치다 → (고쳐지다)

1) 깨다 → (　　　　)　　2) 끄다 → (　　　　)

3) 굽다 → (　　　　)　　4) 만들다 → (　　　　)

5) 믿다 → (　　　　)　　6) 세우다 → (　　　　)

7) 알리다 → (　　　　)　　8) 외우다 → (　　　　)

9) 정하다 → (　　　　)　　10) 지키다 → (　　　　)

연 습 2 다음에서 맞는 것을 골라 문장을 완성하세요.

정하다　　만들다　　지키다　　세우다

1) 성균관은 조선 시대에 (　　　　)다.

2) 한글은 1443년에 (　　　　)다.

3) 대통령이 되기 전에 한 약속이 잘 (　　　　)면 좋겠습니다.

4) 약속 시간이 (　　　　)면 연락드리겠습니다.

연 습 3 [보기]와 같이 대화를 완성하세요.

[보기] A : 기타에 줄이 6개 있어야 하는데 5개밖에 없네요.
B : (끊다) 네, 줄*이 하나 끊어졌어요.

1) A : 왜 그렇게 그릇을 들여다보고* 있어요?
B : (그릇 / 깨다) ______________________________.

2) A : 오븐을 새로 샀네요. 써 보니까 어때요?
B : (빵 / 잘 굽다) ______________________________.

3) A : 컴퓨터 수리가 다 끝났나요?
B : (아직 안 고치다) ______________________________.

4) A : 회식을 어디에서 하기로 했는지 아세요?
B : (회사 앞 일식집으로 정하다) ______________________________.

5) A : 휴대폰에 무슨 문제가 있나요?
B : (저절로* 끄다) ______________________________.

연 습 4 친구와 함께 기념일에 대해 말해 보세요.

식목일 어린이날 어버이날 스승의 날 성년의 날 한글날

줄 string 들여다보다 to peer at/into 저절로 automatically; on its own

3. A-(으)ㄴ데도 불구하고, V-는데도 불구하고, N인데도 불구하고

연 습 1 [보기]와 같이 그림을 보고 문장을 완성하세요.

[보기]

바쁘다

바쁘신데도 불구하고 저희 결혼식에 참석해 주셔서 정말 감사합니다. 행복하게 잘 살겠습니다.

1)

춥다

______________________ 저희 개업식*에 와 주셔서 정말 감사드립니다.

2)

주말이다

______________________ 저희 아이 돌잔치를 축하해 주러 와 주셔서 감사합니다. 건강하고 예쁘게 잘 키우겠습니다.

3)

늦은 시간이다

______________________ 제 콘서트에 와 주신 모든 분들께 감사드립니다. 최선을 다해 좋은 연주를 들려 드리겠습니다.

4)

비가 오다

______________________ 마라톤 대회에 참가해 주신 여러분께 감사드립니다.

연 습 2 노력해도 안 되는 일이 있어요? 이야기해 보세요.

노력해도 안 되는 일이 있어요?

네, 저는 일을 열심히 하는데도 불구하고 승진*이 안 돼요.

- 일을 열심히 하다 / 승진이 안 되다
- 아침에 일찍 일어나다 / 항상 지각하다
- 공부를 열심히 하다 / 성적이 안 오르다
- 매일 운동을 하다 / 몸무게가 줄지* 않다
- ______________________.

개업식 business opening ceremony　승진 promotion　몸무게가 줄다 to have one's weight lost

연 습 3 그림을 보고 문장을 완성하세요.

1) (날씨가 나쁘다)

여기는 머드 축제가 열리고 있는 보령입니다.

________________________ 많은 시민들이 축제를 즐기고 계십니다.

2) (바람이 심하게 불다)

이곳은 등불 축제가 열리고 있는 청계천입니다. 쌀쌀한 날씨에

________________________ 많은 시민*들이 모여 있습니다.

3) (앉을 자리가 없다)

이곳은 대구*의 한 고깃집인데요. ________________________

이렇게 많은 분들이 가게 앞에 서서 차례를 기다리고 있습니다.

4) (이른 시간*이다)

여기는 여의도 한강공원입니다. 저녁 8시부터 불꽃놀이가 시작되는데요. 아직

________________________ 많은 시민들이 자리를 잡고 기다리고 있습니다.

시민 citizen　대구 a city in North Gyeongsang Province　이른 시간 early hour

4. N에 대해(서), N에 대한 N

연 습 1 [보기]와 같이 대화를 완성하세요.

> [보기] 리포터 : 저는 지금 영화배우 민아 씨를 만나러 촬영장*에 나와 있습니다.
> 지금 찍고 계신 드라마에 대해서 잠깐 소개해 주시겠어요?
> 배우 : 이 드라마는 여자들의 우정*에 대한 드라마예요.

1) 기자 : 감독님, 이번 영화____________ 이야기해 주시겠어요?
감독 : 제 영화는 젊은 사람들의 사랑____________ 영화입니다.
사랑____________ 다시 한번 생각해 볼 수 있는 좋은 기회가 될 거라고 생각합니다.

2) 기자 : 이번에 나올 책____________ 조금만 소개해 주시겠어요?
작가 : 아프리카 여행을 하면서 그곳에서 만난 아이들____________ 이야기를 썼습니다.

3) 리포터 : 이번 전시회 내용____________ 한 말씀 부탁드립니다.
작가 : 이번 전시회는 전통 놀이____________ 전시회입니다. 전시회를 보시면 어렸을 때로 돌아간 것 같은 느낌을 받으실 겁니다.

4) 리포터 : 이번에 하시는 연극이 어떤 내용인지 연극____________ 소개해 주세요.
배우 : 이번 연극은 회사원____________ 내용입니다. 직장에 다니는 분들이 많이 보러 와 주시면 좋겠습니다.

5) 리포터 : 이번에 새 노래가 나왔다고 들었습니다. 이번에 만드신 노래____________ 이야기해 주세요.
가수 : 네, 노래에는 평화*____________ 메시지*가 들어 있습니다.

촬영장 filming studio/location 우정 friendship 평화 peace 메시지 message

연 습 2 [보기]와 같이 대화를 완성하세요.

[보기]

A : 무슨 기사를 읽고 있어요?

B : 신문에 <u>새 대통령에 대한</u> 기사가 났네요.

1)

A : 그거 무슨 책이에요? 어려워 보이는데…….

B : ____________________ 책인데, 어렵지만 재미있네요.

2)

A : 이 노래는 처음 듣는데 정말 좋네요.

B : 유명한 화가 빈센트 반 고흐* 알지요?

____________________ 노래예요.

3)

A : 뭘 그렇게 재미있게 보고 있어요?

B : 네, ____________________ 영화인데 정말 웃겨요.

4)

A : 이 근처에서 전시회를 한다고 들었어요. 무슨 전시회래요?

B : ____________________ 전시회래요. 같이 보러 갈래요?

연 습 3 친구들과 발표 주제에 대해서 이야기해 보세요.

발표 주제 정했어요?
무엇에 대해서 발표할 거예요?

저는 물건을 싸게 사는 방법에
대해서 발표할 거예요.

- 물건을 싸게 사는 방법
- 고향 음식 만들기
- 한국어 재미있게 공부하기
- ____________________
- 경주 여행
- 내가 자주 가는 가게
- 좋은 회사에 취직하기
- ____________________

* 빈센트 반 고흐 Vincent Van Gogh

문형 연습 Pattern Practice

track 18

연 습 1

[보기] **선생님** (T) 왜 그렇게 열심히 축구를 하세요?
학 생 (S) (축구 선수가 되다) 축구 선수가 되기 위해서요.

1. T 왜 그렇게 열심히 돈을 모으세요?

   S (집을 사다) ______________________.

2. T 왜 그렇게 열심히 집을 청소하세요?

   S (손님을 초대하다) ______________________.

3. T 왜 그렇게 딸기를 많이 사세요?

   S (딸기잼을 만들다) ______________________.

4. T 왜 그렇게 커피를 많이 마셔요?

   S (잠을 안 자다) ______________________.

연 습 2

[보기] **선생님** (T) 왜 바지를 갈아입으려고 해요?
학 생 (S) (찢다) 바지가 찢어졌어요.

1. T 왜 휴대폰을 새로 사려고 해요?

   S (깨다) ______________________.

2. T 왜 이름을 다시 써요?

   S (지우다) ______________________.

3. T 왜 시계 줄을 바꾸려고 해요?

   S (끊다) ______________________.

4. T 왜 자동차 시동을 다시 걸어요?

   S (끄다) ______________________.

연습 3

> **[보기]** **선생님** (T) 어제 잠실에서 야구 경기를 했습니까?
> **학　생** (S) (비가 오다) 네, 비가 오는데도 불구하고 야구 경기를 했습니다.

1. T 송년회 모임에 회사 사람들이 모두 참석했습니까?

   S (일이 바쁘다) 네, ________________________________.

2. T 식목일 행사에 사람들이 많이 참가했습니까?

   S (바람이 심하게 불다) 네, ________________________________.

3. T 이번 시험을 잘 봤습니까?

   S (시험이 어렵다) 네, ________________________________.

4. T 불꽃놀이를 보러 사람들이 많이 왔습니까?

   S (평일) 네, ________________________________.

연습 4

> **[보기]** **선생님** (T) 준석 씨와 무엇에 대해서 이야기했어요?
> **학　생** (S) (대학원 입학) 대학원 입학에 대해서 이야기했어요.

1. T 무엇에 대해서 발표했어요?

   S (문화 차이) ________________________________.

2. T 교수님과 무엇에 대해서 의논했어요?

   S (졸업 논문) ________________________________.

3. T 글짓기 대회에서 뭘 썼어요?

   S (잊지 못할 사람) ________________________________.

4. T 선생님께 무엇에 대해 여쭤봤어요?

   S (좋은 성적을 받는 법) ________________________________.

복습 3

어휘와 문법 Vocabulary and Grammar

1. 정리하기

어휘

7과	이상한 소리가 나다 탈수가 안되다 전화가 끊기다 채소가 얼다 온도 조절이 안되다 화면이 안 나오다 액정이 나가다 종이가 걸리다	(물에) 빠뜨리다 (땅에) 떨어뜨리다 (음료수를) 쏟다 (먼지가) 끼다	(전원을) 켜다 / 끄다 (수돗물을) 틀다 / 잠그다 (시동을) 걸다 / 끄다 (플러그를) 꽂다 / 빼다	
8과	안전벨트를 매다 과속을 하다 제한 속도를 지키다 신호를 어기다 주위를 살피다 음주 운전을 하다	사고가 나다 사고를 내다 사고를 당하다	(엘리베이터에) 갇히다 (지하철 문에) 끼이다 (물에) 빠지다 (뱀에게) 물리다 (눈길에) 미끄러지다	삐다 부러지다 찢어지다 깁스를 하다 수술하다 꿰매다 입원하다 문병을 가다 퇴원하다
9과	어린이날 어버이날 스승의 날 한글날 근로자의 날 식목일 현충일 광복절 개천절 삼일절	기념하다 독립하다 통일하다 나라를 세우다 왕이 태어나다	기념식을 하다 불꽃놀이를 하다 나무를 심다 국기를 달다 꽃을 달다 행진을 하다	

문법

7과	V-았다가/었다가	• 공기가 안 좋아서 창문을 열**었다가** 닫았어요.
	A-(으)ㄴ데도 V-는데도 N인데도	• 열심히 공부했**는데도** 시험을 못 봤어요.
	A/V-더니	• 어제까지는 눈이 오**더니** 오늘은 날씨가 맑네요.
	V-도록 하다	• 내일 일찍 출발해야 하니까 빨리 자**도록 해**.
8과	V-다(가)	• 신호를 어기고 뛰어가**다가** 차에 부딪혔어요.
	A-다고(요) V-ㄴ다고/는다고(요) N(이)라고(요)	• 민수 씨가 교통사고를 당했대요. – 네? 민수 씨가 교통사고를 당했**다고요**?
	아무리 A/V-아도/어도	• 저는 **아무리** 연습**해도** 발음이 좋아지지 않아요.
	A/V-아야/어야 할 텐데(요)	• 은주 씨가 독감이 심해서 병원에 입원했대요. – 빨리 나**아야 할 텐데요**. 걱정이네요.
9과	N을/를 위해(서) V-기 위해(서)	• 저는 여행을 가**기 위해서** 돈을 모으고 있어요.
	V-아지다/어지다	• 고기가 다 구**워지면** 접시에 담아 주시겠어요?
	A-(으)ㄴ데도 불구하고 V-는데도 불구하고 N인데도 불구하고	• 날씨가 나**쁜데도 불구하고** 멀리서 찾아와 주신 분들께 진심으로 감사드립니다.
	N에 대해(서) N에 대한 N	• 오늘은 음식과 건강**에 대해서** 이야기해 보겠습니다.

2. 확인하기

어휘 확인

1. 다음 문장에 알맞은 표현을 찾으세요.

1) 엘리베이터를 (수리하고 / 고장이 나고) 있대요. 그냥 계단으로 걸어서 가야 할 것 같아요.

2) 외출할 때 전자 제품의 (전원을 켜 / 전원을 꺼) 놓으면 전기 요금을 아낄 수 있어요.

3) 트럭 운전자가 (신호를 지키고 / 신호를 어기고) 과속을 해서 교통사고가 났어요.

4) 어제 저녁 음주 운전을 한 운전자가 오토바이와 부딪치는 (사고가 나고 / 사고를 내고) 도망쳤다고 합니다.

5) 같은 반 친구가 독감에 걸려서 병원에 일주일 동안 (입원해야 / 퇴원해야) 한대요.

2. 다음 빈칸에 공통으로 들어갈 단어는 무엇입니까? 문장에 맞게 쓰세요.

1) □□

가) 양파를 안 좋아하니까 양파는 ______ 주세요.

나) 리모컨이 잘 안되면 배터리를 ______ 다시 넣어 보세요.

2) □□□

가) 학교에서 집까지 버스로 30분쯤 ______.

나) 이 복사기는 자꾸 종이가 ______ 오늘은 다른 사무실 복사기를 사용하세요.

3) □□□

가) 전쟁이 났을 때 나라를 ______ 돌아가신 분들을 국립묘지에 모셨다.

나) 교통사고를 당한 가수가 팬들과의 약속을 ______ 위해 깁스를 하고 공연을 했다.

문법 확인

1. 다음에서 적당한 문형을 골라서 대화를 완성해 보세요.

V-다(가)	A/V-았는데도/었는데도	N에 대해(서)
아무리 A/V-아도/어도	A/V-더니	V-아지다/어지다

1) A : 텔레비전이 고장 난 것 같아요. 화면이 안 나와요.
   B : 혹시 껐다가 켜 봤어요?
   A : 네, ________________.

2) A : 요즘 비가 정말 자주 내리네요. 장마인가 봐요.
   B : 네, 어제 잠깐 날씨가 ________________.

3) A : 지갑은 찾았어요?
   B : 아니요, 아직 못 찾았어요. ________________.

4) A : 이 건물은 아주 오래된 것 같네요.
   B : ________________.

5) A : 친구하고 만나면 보통 무슨 이야기를 해요?
   B : ________________.

2. 다음 문장에서 틀린 부분을 찾아 맞게 고쳐 보세요.

1) 약속 날짜가 정하면 바로 알려 주세요.
   → ________________.

2) 지운 씨가 게단을 뛰어 내려갔다가 넘어져서 크게 다쳤대요.
   → ________________.

3) 우현 씨가 병에 걸려서 회사에 못 나오고 있어요. 빨리 나을 텐데 걱정이에요.
   → ________________.

3. 평가하기

제한 시간 15분 | 내 점수 : / 17

[1–3] 무엇에 대한 이야기입니까? 알맞은 것을 고르십시오.

1. 휴대폰을 떨어뜨렸는데 액정이 깨지고 통화도 안돼요.
   ① 고장 ② 수리 ③ 반품 ④ 환불

2. 친구가 교통사고를 당해서 병원에 있는 친구를 만나러 가요.
   ① 퇴원 ② 문병 ③ 상처 ④ 검사

3. 학생들이 선생님께 노래를 불러 드리고 가슴에는 카네이션을 달아 드렸어요.
   ① 독립 ② 사과 ③ 감사 ④ 걱정

[4–7] 빈칸에 제일 알맞은 것을 고르십시오.

4. 손을 씻은 후에는 꼭 물을 (   ).
   ① 빼세요 ② 끄세요 ③ 잠그세요 ④ 닫으세요

5. 할머니께서 교통사고를 (   ) 병원에 입원하셨대요.
   ① 나셔서 ② 입으셔서 ③ 나오셔서 ④ 당하셔서

6. 현충일에는 나라를 위해 돌아가신 분들을 생각하며 집 앞에 국기를 (   ).
   ① 답니다 ② 심습니다 ③ 듭니다 ④ 만듭니다

7. 최근 출퇴근 시간에 무리하게 지하철을 타다가 문에 (   ) 사고가 많이 일어나고 있다고 합니다.
   ① 갇히는 ② 끼이는 ③ 빠지는 ④ 미끄러지는

[8–10] 다음 밑줄 친 부분과 바꿀 수 있는 것을 고르십시오.

8. 학교 근처 도로에서는 <u>과속을 하면</u> 안 돼요.
   ① 신호를 안 지키면 ② 음주 운전을 하면
   ③ 안전벨트를 안 매면 ④ 너무 빨리 운전하면

9. 눈길에 미끄러져서 팔이 부러지고 이마가 찢어졌어요.
① 삐어서 ② 넘어져서
③ 부딪쳐서 ④ 끼어들어서

10. 벌써 일일드라마 할 시간이네요. 텔레비전 좀 켜 주세요.
① 꺼 ② 틀어
③ 잠가 ④ 걸어

[11-14] 빈칸에 제일 알맞은 것을 고르십시오.

11. (   ) 조깅을 다시 시작했어요. 운동을 쉬니까 몸이 안 좋아져서요.
① 건강에 대해서 ② 건강을 위해서
③ 건강하기 때문에 ④ 건강하기는 한데

12. 약속 시간이 한 시간이나 (   ) 친구한테서 아무 연락도 없었습니다.
① 지나더니 ② 지났다가
③ 지나야 할 텐데 ④ 지났는데도 불구하고

13. 내일 공연 때는 날씨가 (   ) 걱정이에요.
① 좋다가 ② 좋을 텐데
③ 아무리 좋아도 ④ 좋아야 할 텐데

14. 플러그를 뺐다가 다시 (   ) 전원이 안 켜져요.
① 꽂다가 ② 꽂아져서
③ 꽂느라고 ④ 꽂았는데도

[15-17] 다음 밑줄 친 부분과 의미가 비슷한 것을 고르십시오.

15. 조금 전에는 길이 막히더니 지금은 한산하네요.
① 막혀서 ② 막혔는데
③ 막힐 텐데 ④ 막히자마자

16. 요즘 스페인어를 공부하는데 <u>단어가 외워지지 않아서</u> 고민이에요.

① 단어를 외우기 위해서 ② 단어를 아무리 외워도

③ 단어를 잘 외울 수가 없어서 ④ 단어를 외우는데도 불구하고

17. 저는 이번 글짓기 대회에서 <u>유학 생활에 대해서</u> 쓰려고 합니다.

① 유학 생활에 관해서 ② 유학 생활을 위해서

③ 유학 생활을 해 보니까 ④ 유학 생활을 하는데도 불구하고

듣기 Listening

track 19 내 점수 : / 16

[1-2] 잘 듣고 알맞은 그림을 고르십시오.

1. ① 

② 

③ 

④ 

2. ① 결혼기념일에 받고 싶은 선물 (여성)

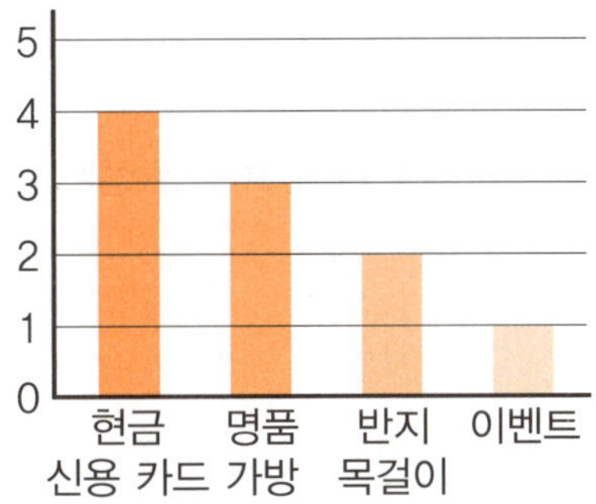

② 결혼기념일에 받고 싶은 선물 (여성)

③ 결혼기념일에 받고 싶은 선물 (남성)

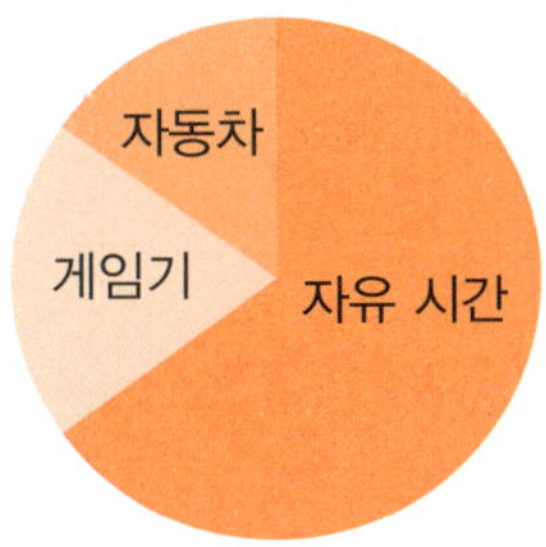

④ 결혼기념일에 받고 싶은 선물 (남성)

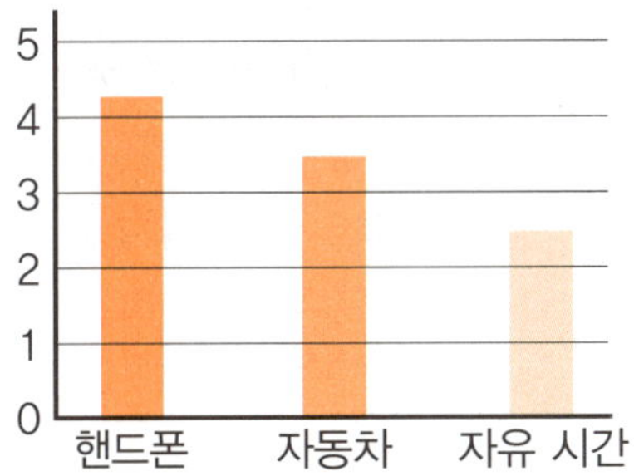

[3–6] 다음 대화를 잘 듣고 이어질 수 있는 말을 고르십시오.

3. ① 그래? 문자를 안 보낼걸 그랬네.
② 그래? 그럼 전화를 끊었다가 다시 걸어 봐.
③ 그래? 나한테 전화를 한 줄 몰랐어.
④ 그래? 그럼 수리 센터에 가 보지 그래?

4. ① 맞아요. 회사 일을 걱정해야 할 텐데요.
② 수술을 했는데도 아직도 아프다고요?
③ 네, 아무리 아파도 회사 일은 해야지요.
④ 그런 걱정하지 말고 지금은 몸조리를 잘하세요.

5. ① 그래요? 그럼 빨리 오라고 하세요.
② 저런, 큰일이네요. 빨리 나으셔야 할 텐데…….
③ 저런, 김우진 씨가 많이 다쳤나 보네요.
④ 그래요? 조심해서 와야 할 텐데요.

6. ① 약을 먹으면 괜찮아질까요?
② 예방 주사를 맞았는데도 감기에 걸렸네요.
③ 컴퓨터를 다시 사려면 돈이 많이 들 텐데요.
④ 그러면 컴퓨터에 저장된 사진과 글들은 어떻게 하지요?

[7–10] 다음 대화를 잘 듣고 여자가 이어서 할 행동으로 알맞은 것을 고르십시오.

7. ① 배터리를 교환한다.
② 보험 회사에 전화한다.
③ 남자 대신 운전을 한다.
④ 자동차 수리 센터에 간다.

8. ① 사무실에 간다.
② 인터넷으로 참가 신청서를 낸다.
③ 한글에 대한 글을 쓸 준비를 한다.
④ 한글날 기념 글짓기 대회에 참가한다.

9. ① 자기 집으로 간다.
   ② 물을 사러 가게에 간다.
   ③ 아파트 물탱크를 청소한다.
   ④ 화장실에 가서 물을 잠근다.

10. ① 세탁기를 돌린다.
   ② 수리 기사를 기다린다.
   ③ 세탁기를 교환하러 간다.
   ④ 고객 센터에 불만을 접수한다.

[11-12] 다음을 듣고 내용과 일치하는 것을 고르십시오.

11. ① 경찰서는 신림 사거리에 있다.
   ② 간판이 사거리 가운데 떨어져서 위험하다.
   ③ 태풍 때문에 간판이 떨어져서 사람이 다쳤다.
   ④ 여자는 길이 너무 막혀 화가 나서 경찰에게 전화를 했다.

12. ① 지하철 사고로 많은 사람이 죽었다.
   ② 대학생이 달려오는 지하철에 치이는 사고가 났다.
   ③ 지하철 직원들이 승객들에게 밖으로 나가는 길을 안내했다.
   ④ 한 대학생 덕분에 많은 승객들이 다치지 않고 열차에서 나왔다.

[13-14] 다음을 듣고 남자의 중심 생각을 고르십시오.

13. ① 아이와 함께 물놀이를 하면 안 된다.
   ② 수영을 잘하는 아이만 수영장에 가야 한다.
   ③ 수영장에서 놀 때는 꼭 튜브를 타야 안전하다.
   ④ 아이가 물놀이를 할 때 어른이 꼭 같이 있어야 한다.

14. ① 컴퓨터를 고치기 위해 쓰는 돈이 너무 많다.
   ② 컴퓨터를 오래 쓰려면 관리를 잘해야 한다.
   ③ 컴퓨터를 바꾸면 다시는 고장이 없을 것이다.
   ④ 아무리 돈이 많아도 컴퓨터를 바꾸면 안 된다.

[15-16] 다음을 듣고 물음에 답하십시오.

15. 여자의 생각으로 맞는 것을 고르십시오.
    ① 가래떡은 쌀로 만드니까 건강에 좋을 것이다.
    ② 가래떡 데이를 지키면 농민들을 도울 수 있다.
    ③ 국적도 알 수 없는 이상한 기념일을 지키는 것은 좋지 않다.
    ④ 다이어트를 하라고 격려하는 빼빼로 데이는 꼭 필요한 기념일이다.

16. 들은 내용으로 맞는 것을 고르십시오.
    ① 1월 1일을 가래떡 데이로 정했다.
    ② 가래떡 데이는 우리 쌀로 만든 떡을 먹는 날이다.
    ③ 빼빼로 데이를 지키면 건강에도 좋고 농민들을 도울 수 있다.
    ④ 가래떡을 먹는 사진을 과자 회사 홈페이지에 올리면 선물을 받는다.

읽기와 쓰기 Reading and Writing

제한 시간 20분 | 내 점수 : / 16

[1] 다음은 무엇에 대한 글인지 고르십시오.

교통 지도 : 가는 방법과 지도를 확인하고 싶을 때 클릭합니다. 가장 빠른 길을 안내해 줍니다.
교통 상황 : 가려고 하는 곳의 자세한 도로 상황을 알고 싶을 때 클릭합니다.
CCTV : 이 버튼을 누르면 현재 고속 도로의 CCTV를 확인할 수 있습니다.

① 교통 방송 ② 운전 시험
③ 사고 소식 ④ 사용 설명

[2] 다음 밑줄 친 부분과 의미가 비슷한 것을 고르십시오.

태풍이 와서 지붕이 부서졌다. 내일 사람을 불러서 고쳐야겠다.

① 구입해야겠다 ② 손봐야겠다
③ 아껴야겠다 ④ 나아야겠다

[3] **다음 글의 내용과 같은 것을 고르십시오.**

'눈 오는 날 출근 시간에 운전 조심해야…….'

퇴근길에 사고가 많이 난다고 생각하는 사람들이 많을 것이다. 하지만 지난 3년 동안 겨울에 발생한 교통사고 시간을 조사했는데 퇴근 시간보다 출근 시간에 더 많은 사고가 났다고 한다. 특히 오전 6시부터 8시까지는 사망 사고도 많이 발생했다. 그리고 최근에 눈길 사고에서 사람과 부딪쳐서 난 사고는 줄고 차와 차가 부딪치는 사고는 더 늘었다. 특히 눈길 교통사고일 때는 뒤차가 앞차에 부딪치는 사고가 많았다. 그래서 눈길에서 운전할 때는 평소보다 속도를 20~50%까지 줄여서 운전해야 한다.

① 눈 오는 날에는 운전을 하지 말아야 한다.
② 눈길에서 운전할 때는 천천히 운전해야 한다.
③ 아침 시간보다 저녁 시간에 교통사고가 더 많이 발생한다.
④ 눈길에서 횡단보도를 건너다가 차와 부딪치는 사고가 늘고 있다.

[4] **다음을 순서대로 맞게 나열한 것을 고르십시오.**

<빨래방 이용 방법>

(가) 빨래방에 들어가면 왼쪽에는 세탁기, 오른쪽에는 건조기가 놓여 있습니다.
(나) 그런 다음 건조기로 옮겨서 다시 돈을 넣고 시작 버튼을 누릅니다.
(다) 1시간 후 세탁이 다 되면 세탁물을 꺼냅니다.
(라) 먼저 세탁기에 돈과 세제를 넣은 후 시작 버튼을 누릅니다.

① (가)–(다)–(라)–(나)
② (가)–(라)–(다)–(나)
③ (라)–(가)–(나)–(다)
④ (라)–(나)–(다)–(가)

[5-6] **다음을 읽고 물음에 답하십시오.**

다른 나라들처럼 한국에도 밸런타인데이가 있다. 하지만 한국의 밸런타인데이는 조금 다른데 여자가 남자에게 초콜릿을 주면서 사랑을 고백하는 날이다. 한 달 뒤인 3월 14일에는 남자가 여자에게 사탕을 주면서 고백한다. 재미있는 것은 4월 14일 블랙 데이이다. 밸런타인데이나 화이트 데이 때 초콜릿이나 사탕을 못 받은 사람들이 검은색 음식을 먹으면서 서로를 위로하는 날이다. 주로 짜장면을 많이 먹는데 어떤 사람들은 검은색 옷을 입고 블랙커피를 마시면서 이 (   )을 즐겁게 보내기도 한다.

5. (   )에 들어갈 알맞은 것을 고르십시오.
   ① 통일　　② 명절　　③ 기념일　　④ 공휴일

6. 이 글의 내용과 같은 것을 고르십시오.
   ① 다른 나라에는 밸런타인데이가 없다.
   ② 블랙 데이는 모두가 즐겁게 보내는 날이다.
   ③ 밸런타인데이 때 고백하면 사랑이 꼭 이루어진다.
   ④ 화이트 데이 때 여자들은 남자들한테서 사탕을 받는다.

[7-8] **다음을 읽고 물음에 답하십시오.**

컴퓨터의 발전 속도가 무섭게 빨라지고 있다. 전에는 컴퓨터를 들고 다녔지만 이제는 입고 다니는 시대가 되었다. 안경처럼 컴퓨터를 쓰고 운동을 하면 내 몸의 상태를 모두 알려 주는 컴퓨터가 이미 나왔다. 또 시계처럼 차고 다니면서 편리하게 일상생활을 할 수 있는 컴퓨터도 있다. 그리고 옷처럼 입고 있으면 사람 대신 일을 하고 모든 정보를 기억해 주는 컴퓨터가 곧 나올 것이다. 하지만 이렇게 (   ) 앞으로 생길 문제가 걱정된다. 컴퓨터를 24시간 입고 있으면 건강에 안 좋을 것이다. 제일 큰 걱정은 사람들과의 대화가 없어지면서 생활이 로봇처럼 되는 것이다.

7. (   )에 알맞은 말을 고르십시오.
   ① 불편한데도 불구하고　　② 걱정에도 불구하고
   ③ 편리한데도 불구하고　　④ 정보에도 불구하고

8. 이 글의 중심 생각을 고르십시오.
   ① 컴퓨터를 계속 입고 있으면 병원에 자주 가야 해서 걱정이다.
   ② 컴퓨터를 입고 다니면 편리하게 생활할 수 있어서 행복하겠다.
   ③ 컴퓨터 옷을 입고 로봇처럼 모든 정보를 기억할 수 있으면 좋겠다.
   ④ 컴퓨터가 발전하면 편리해지겠지만 여러 문제가 생길 것 같아서 걱정이다.

[9] **다음 글에서 〈보기〉의 문장이 들어가기에 가장 알맞은 곳을 고르십시오.**

수영장에서 갑자기 물에 들어가는 것은 위험합니다. (㉠) 물놀이를 하기 전에는 반드시 준비 운동을 합니다. (㉡) 그리고 물놀이를 하다가 다리에 쥐가 나면 바로 물 밖으로 나와야 합니다. (㉢) 또 수영을 하면서 너무 깊은 곳에 가지 않도록 주의해야 합니다. (㉣)

〈보기〉 깊은 물에 들어가서 위험해졌을 때는 손을 들고 크게 살려 달라고 해야 합니다.

① ㉠ ② ㉡ ③ ㉢ ④ ㉣

[10] **다음 글의 주제로 가장 알맞은 것을 고르십시오.**

설날이나 추석 같은 명절이 모두에게 행복한 것은 아니다. 여성들은 명절 내내 음식을 만들고 집안일을 해야 해서 스트레스를 받는다고 한다. 또 아직 결혼을 안 한 사람들은 언제 결혼할 거냐는 질문 때문에 명절이 싫다고 한다. 명절이 모두에게 즐거운 날이 되기 위해서는 다른 사람을 배려하는 마음이 필요하다. 힘든 일은 나누어서 하고 곤란한 질문을 하지 않으면 모두에게 즐거운 명절이 될 것이다.

① 결혼 안 한 사람들은 명절을 싫어한다.
② 여자들만 명절에 일을 많이 해야 해서 화가 난다.
③ 명절에 결혼에 대해서 이야기하는 것은 절대로 안 된다.
④ 다른 사람의 입장을 이해하면 좀 더 즐거운 명절을 보낼 수 있다.

[11-13] 다음을 읽고 물음에 답하십시오.

요즘 사람들은 건강에 대한 관심이 높다. 주변에서 아침저녁으로 운동하는 사람들을 쉽게 볼 수 있다. 특히 퇴근 후에 걷거나 조깅을 하는 직장인들이 늘고 있다. 하지만 저녁이나 밤에 (   ) 주의해야 한다. 횡단보도를 건널 때에는 신호가 바뀐 후에 바로 건너지 말고 차가 오는지 주위를 잘 살펴야 한다. 그리고 밤에는 어두워서 잘 안 보이기 때문에 밝은 옷을 입어야 한다. 밝은 옷을 입으면 차에 치이는 사고를 예방할 수 있다. 그리고 음악을 크게 듣거나 휴대폰을 보면서 운동하는 것은 아주 위험하다. 앞을 잘 못 봐서 넘어지기 쉽고 자전거나 차에 치일 수도 있기 때문이다. 늦은 시간에 운동할 때에는 사고가 나지 않도록 특히 조심해야 한다.

11. 필자가 이 글을 쓴 목적을 고르십시오.
   ① 겨울철 안전 운전 방법을 알리려고
   ② 안전하게 운동하는 방법을 알리려고
   ③ 밤에 운동하는 게 나쁘다는 것을 알리려고
   ④ 운동이 건강에 좋다는 것을 알리려고

12. (   )에 가장 알맞은 것을 고르십시오.
   ① 운동을 하다가 사고가 나는 경우가 많으니
   ② 음주 운전 하다가 사고를 내는 사람이 많으니
   ③ 혼자 뛰다가 다리를 다치는 일이 많으니
   ④ 심하게 운동하다가 쓰러지는 사람이 많으니

13. 이 글의 내용과 같은 것을 고르십시오.
   ① 안전을 위해 낮에 운동해야 한다.
   ② 음악을 들으면서 운동하면 운동 효과가 좋아진다.
   ③ 밤에 운동할 때 밝은 옷을 입으면 사고를 예방할 수 있다.
   ④ 사람이 많은 곳에서 운동하다가 부딪쳐서 사고가 많이 난다.

[14–15] **다음을 읽고 (　　　　　　　　)에 들어갈 말을 각각 한 문장으로 쓰십시오.**

다음 달에 유학 생활을 마치고 고향으로 돌아가게 되었습니다. 그래서 한국에서 그동안 사용한 세탁기와 냉장고를 팔려고 합니다. 세탁기는 14. (　　　　　　　　)서 손본 적이 있지만 그 이후로는 한 번도 고장 난 적이 없습니다. 냉장고는 사용한 지 3년이 넘었지만 아직 15. (　　　　　　　　　　　　　　　　) 필요하신 분은 아래 번호로 연락 주세요.

[16] **다음을 주제로 하여 자신의 생각을 쓰십시오. (200~300자)**

- 특별히 기념하고 싶은 날짜가 있습니까? 언제입니까?
- 무엇을 기념하고 싶습니까? 누구[무엇]를 위해 만든 날입니까?
- 무슨 행사를 하고 싶습니까? 무슨 음식을 먹거나 선물을 하고 싶습니까?

내가 만들고 싶은 기념일

발음 Pronunciation

1. 잘 들어 보세요. track 20

1. 버스 정류장이 어디에 있는지 알아요?

2. 요즘 무슨 좋은 일이 있나 봐요.

3. 좀 더 큰 사이즈로 살걸 그랬어요.

2. 잘 듣고 발음에 주의하여 읽어 보세요. track 21

1. 이 운동화를 인터넷으로 샀어요.

2. 졸업 여행을 경주로 갔다 왔는데 정말 좋았어요.

3. 생선 초밥을 먹을 줄 알아요?

3. 친구와 연습해 보세요. track 22

1. A : 어제 주말 드라마 봤어요?
   B : 아니요, 워크숍 준비하느라고 못 봤어요.

2. A : 모임 장소까지 어떻게 가야 돼요?
   B : 신촌역에서 내린 후 8번 출구로 나오세요.

3. A : 이번 방학에 태국으로 여행을 갈 건데 같이 갈래요?
   B : 저도 가고 싶지만 이번 방학 때 계절 학기 수업을 들어야 해요.

4. A : 인터넷 뉴스에 우리 학교에 대한 기사가 났어요.
   B : 그래요? 아직 못 봤는데 저도 확인해 봐야겠네요.

말하기 Speaking

다음 그림을 보고 친구에게 이야기해 주세요.

역할극 하기 Role-play

A와 B로 역할을 나누어 이야기해 보세요.

1. 누가 어떤 역할을 할지 정하세요.

A	B
친구가 급한 일 때문에 차를 빌려 달라고 해서 빌려주었습니다. 그런데 1주일이 지났는데도 친구에게 연락이 없습니다. 내일은 나도 차를 꼭 써야 해서 먼저 친구에게 전화를 하기로 했습니다.	급한 일로 고향에 가야 해서 친구에게 차를 빌렸습니다. 그런데 갔다 오다가 교통사고가 나서 차가 조금 부서졌습니다. 친구에게 이 사실을 말해야 하는데 미안해서 아직 연락을 못 했습니다.

2. 잠깐 생각해 봅시다.

A	B
1. 친구의 안부 묻기	1. 인사하기
2. 급한 일은 잘 끝났는지 물어보기	2. 고향에 간 이유 설명하기
3. 차를 언제 돌려줄 수 있는지 물어보기	3. 교통사고에 대해 설명하기
4. 교통사고 소식을 듣고 친구와 차의 상태 물어보기	4. 차와 자신의 몸 상태에 대해 설명하기
5. 수리비에 대해 묻기	5. 수리비에 대해 이야기하기

3. 친구와 역할극을 해 보세요.

듣기 지문 Listening Scripts

복습 1

[1–2]

track 05 p.65

1. 여 : 선배님, 개강 모임에 꼭 참석해야 할까요? 제가 이번 주 내내 아르바이트를 해야 해서요.
   남 : 어, 이번 주 목요일이 개강 모임이구나. 꼭 참석해야 하는 건 아닐 거야. 그래도 여러 선배들과 교수님을 만날 수 있는 좋은 기회가 될 텐데 가는 게 좋지 않겠어?
   여 : 목요일에는 저녁 늦게까지 일해야 하는데 다른 친구한테 바꿔 줄 수 있느냐고 한번 물어볼게요.

2. 신입생 100명에게 가입하고 싶은 동아리가 있느냐고 물어봤습니다. 100명 중 40명의 학생이 경영 동아리에 가입하고 싶다고 대답했습니다. 마케팅 동아리에 가입하고 싶다고 대답한 학생도 30명이나 됐습니다. 그런데 스키나 테니스와 같은 운동 동아리에 가입해야겠다고 말한 학생은 20명밖에 되지 않아 최근 대학생들 사이에서 취미보다는 취업에 도움이 되는 동아리가 인기가 많은 것을 알 수 있었습니다. 취업도 중요하지만 다양한 동아리에 가입해서 대학 생활의 즐거움과 행복을 느껴 보는 건 어떨까요?

[3–5]

p.66

3. 남 : 룸메이트하고 이야기는 잘됐어?
   여 : 응, 밤늦게까지 통화를 해서 잠을 못 자겠다고 하니까 앞으로 통화할 때는 나가서 하겠다고 약속했어.

4. 남 : 내일 나하고 같이 춘천에 가지 않을래? 닭갈비도 먹고 배도 타고.
   여 : 나도 가고 싶은데 내일 최저 기온이 영하 20도래. 일기 예보에서 눈도 올 거라고 했어.

5. 남 : 다리 좀 그만 떨어. 너 때문에 나까지 정신이 없어.
   여 : 미안해. 나는 시험 볼 때만 되면 너무 긴장이 돼서 자꾸 다리를 떨게 돼.

[6–8]

p.66

6. 남 : 학생, 혹시 그거 음식물 쓰레기 아니에요? 음식물 쓰레기를 일반 쓰레기하고 같이 버리면 안 돼요.
   여 : 네? 집주인 아주머니가 쓰레기봉투를 사서 버리면 된다고 했는데요.
   남 : 그건 일반 쓰레기고요. 음식물 쓰레기를 넣어서 버리는 봉투는 따로 팔아요. 거기에 넣어서 버려야 해요.
   여 : 아, 그렇군요. 잘 몰랐어요. 이 앞에 있는 가게에서 사면 되지요?

7. 여 : 어, 빗방울이 떨어지네. 비가 많이 내리겠는데?
   남 : 어떡하지? 오늘 비가 올 줄 모르고 우산을 안 가져왔는데.
   여 : 걱정하지 마. 나랑 역까지 같이 쓰고 가면 되지.
   남 : 나도 그러고 싶은데 내일 회의가 있어서 늦게까지 자료 준비를 해야 할 것 같아. 너 먼저 가야겠다.
   여 : 그래? 그럼 수고해.

8. 남 : 엄마, 제 시계 못 보셨어요? 어제 여기에 놓아 뒀는데…….
   여 : 글쎄, 여기 없는데 다른 데 놓고 온 거 아니니? 잘 생각해 봐.
   남 : 아니에요. 제가 분명히 어제 시계를 이 책상 위에…….
   여 : 제발 물건 쓰고 나서 제자리에 놓는 습관 좀 길러.
   남 : 알겠어요. 앞으로 노력할게요. 엄마, 근데 저 지금 나가야 돼서요.
   여 : 우선 얼른 가. 내가 찾아보고, 있으면 문자 보내 줄게.

[9–10]

p.67

9. 남 : 다음 주 금요일에 우리 과에서 MT를 간대. 같이 가자.
   여 : 그래? 어디로 간대?
   남 : 인천으로 간다고 들었어. 숙소 근처에 해수욕장이 있어서 수영도 할 수 있대.
   여 : 우와, 정말 재미있겠다. 근데 거기까지 뭘 타고 가는데?
   남 : 전철을 타고 가면 된대. 지수 선배가 서울에서 별로 멀지 않다고 그랬어.
   여 : 요즘 시험 공부하느라고 놀지도 못했는데 잘됐다. 같이 가서 재미있게 놀다 오자.

10. 날씨를 말씀드리겠습니다. 내일은 대체로 맑겠고 오후에 한 차례 소나기가 내리겠습니다. 비가 내린 후에는 기온이 조금 내려가서 시원하겠습니다. 낮 최고 기온은 30도로 오늘과 비슷하겠습니다. 다음 주부터는 장마가 시작되겠습니다. 올해 장마는 작년보다 일주일 정도 빠른데요. 장마 때에는 비가 많이 내려 건물의 지붕이 부서지거나 나무가 쓰러질 수 있으니 미리미리 준비하셔서 피해가 없으시길 바랍니다. 이상 내일의 날씨였습니다.

[11–12]

p.67

11. 여 : 난 요즘 휴대폰이 옆에 없으면 불안해. 자기 전에도 휴대폰을 보다가 늦게 자니까 하루 종일 피곤하고.

남 : 그럼 자기 전에 휴대폰을 꺼 두지 그래? 잠을 잘 못 자면 일에 집중할 수가 없잖아. 건강에도 안 좋고. 휴대폰을 오랫동안 사용하면 특히 눈 건강이 나빠진다고 들었어. 한곳을 오랫동안 봐야 하니까 눈이 금방 피곤해진대. 습관을 바꾸는 게 어렵겠지만 나쁜 습관은 고쳐야 한다고 생각해.

12. 여 : 요즘 날씨가 너무 이상한 것 같아. 장마도 아닌데 계속 비가 오잖아. 날씨가 안 좋으니까 우울해. 집에만 있으니까 점점 게을러지는 것 같기도 하고.

남 : 비 때문에 실내에 있는 시간이 길어져서 그럴 거야. 습도가 높으니까 기분도 안 좋고 별일 아닌 일에도 짜증이 나지? 집에만 있으면 건강에 안 좋으니까 밖에 나가서 사람들도 만나고 학교 근처 스포츠 센터에 다녀 보는 건 어때? 거기에서 수영도 할 수 있고 스포츠 댄스도 가르쳐 준대.

[13–14]

p.67

여 : 요즘은 제가 왜 대학교에 다니는지 모르겠어요.

남 : 갑자기 그게 무슨 말이니?

여 : 대학 생활이 제가 생각한 것과 많이 달라요. 그냥 좋은 회사에 취직하려고 대학교에 입학한 것 같아요.

남 : 나도 요즘 대학생들이 그런 고민을 많이 한다고 들었다. 우리 때는 좋아하는 책도 읽고 친구들과 모임도 하면서 즐거운 추억을 많이 만들었는데…….

여 : 저도 친구들과 즐거운 대학 생활을 하고 싶어요. 하지만 졸업 후를 생각하면 도서관에서 취직 준비를 할 수밖에 없어요.

남 : 음, 그렇구나. 그런데 지금 외국어 공부나 취직 준비를 하면 행복해질까? 나는 젊었을 때 여러 가지 경험을 해 보는 게 중요하다고 생각하는데…….

여 : 알겠어요. 앞으로 어떻게 하면 대학 생활을 더 잘할 수 있을지 고민해 볼게요.

[15–16]

p.68

남 : 오늘은 김미영 선생님을 모시고 겨울철 건강 습관에 대해 알아보겠습니다. 선생님, 요즘 공기가 차고 건조해서 감기에 걸린 사람들이 많은데요. 건강하게 겨울을 보내려면 어떻게 해야 합니까?

여 : 네, 요즘 갑자기 기온이 내려가면서 병원을 찾는 분들이 많은데 아주 간단한 방법으로 감기를 예방할 수 있습니다. 먼저 외출해서 돌아오자마자 손과 발을 깨끗이 씻고 밖에 나갈 때 모자를 쓰는 습관을 길러야 합니다.

남 : 그런 간단한 방법으로 감기를 예방할 수 있을까요?

여 : 물론입니다. 쉬워 보이지만 건강에는 큰 도움이 됩니다. 머리가 따뜻하면 체온이 많이 올라가기 때문이지요.

남 : 그렇군요. 저도 앞으로 모자를 꼭 챙겨야겠어요.

여 : 그리고 자기 전에 따뜻한 차를 마시는 것도 좋습니다.

남 : 네, 좋은 습관을 알려 주셔서 감사합니다.

복습 2

[1–2]

track 12 p.125

1. 여 : 찾으시는 게 있으면 말씀해 주세요.

남 : 네. 여자 친구한테 선물할 옷을 사러 왔는데요. 작은 키에 귀여운 스타일이거든요. 여자 친구한테 어울리는 옷이 있을까요?

여 : 저기 걸려 있는 저 파란색 원피스는 어떠세요? 치마 길이도 적당하고 시원한 소재라서 여자 친구가 마음에 들어할 거예요.

남 : 근데 제 여자 친구는 소매가 없는 옷을 잘 안 입거든요.

여 : 그러세요? 그럼 이 하얀색 원피스로 하지 그러세요? 요즘 우리 가게에서 제일 잘 나가는 옷이에요.

2. 한국에서 유학 중인 외국인 학생 100명에게 좋아하

는 한국 음식이 무엇인지 물어봤습니다. 그 결과 비빔밥을 좋아한다는 대답이 40%로 가장 높았습니다. 삼계탕을 좋아한다는 대답이 30%였고 갈비라고 대답한 학생도 20%나 되었습니다. 기타 의견으로 김밥과 순두부찌개, 냉면 등이 있었습니다. 싫어하는 음식으로는 해물탕이라고 대답한 학생이 40%로 가장 높았고 순대가 30%로 그 뒤를 이었습니다. 그리고 냉면과 청국장 등을 싫어한다고 대답했습니다. 냉면의 경우 좋아하는 음식과 싫어하는 음식에 모두 뽑혔는데 담백하고 시원한 맛에 반해서 좋아한다는 사람과 싱겁고 아무 맛도 나지 않아서 싫다는 사람이 많았습니다.

[3–5]

p.126

3. 남 : 점심에 뭘 먹을까? 뭐 먹고 싶은 거 없어?
   여 : 회사 앞에 새로 생긴 식당 어때? 항상 가게 앞에 사람들이 줄을 서 있어서 아직까지 못 가 봤어.

4. 남 : 이번 주말에 뭐 할 거예요?
   여 : 아무 약속도 없어서 그냥 집에서 쉴까 하는데 왜요?

5. 남 : 여행은 어땠어요? 즐거웠어요?
   여 : 부산에 가 보니까 바다가 정말 아름답던데요. 다음에 꼭 같이 가요.

[6–8]

p.126

6. 남 : 블라우스 품이 좀 작은 것 같은데 불편하지 않아?
   여 : 아까는 괜찮았었는데 집에 와서 입어 보니까 좀 작은 것 같네.
   남 : 어, 소매 부분에 얼룩도 있는데? 살 때 못 봤나 봐. 교환해야겠어.
   여 : 어? 정말 그러네. 내일 몇 시에 문 여는지 빨리 확인해 봐야겠다.

7. 여 : 출출한데 뭘 좀 먹을까?
   남 : 벌써 밤 10시인데 먹지 말고 그냥 자지 그래?
   여 : 너무 배가 고파서 잠이 안 올 것 같아. 우리 라면이라도 끓여 먹을까?
   남 : 이 밤에 라면을? 오늘은 그냥 고구마나 삶아 먹자. 라면은 내일 낮에 먹고.
   여 : 알았어. 고구마라도 먹어야겠다. 내가 할게. 같이 먹자.

8. 남 : 여보, 빨리 준비해요. 지금 출발해도 늦어요.
   여 : 알았어요. 다 됐어요. 얼른 출발합시다.
   남 : 이제 곧 퇴근 시간이라서 길이 많이 막힐 텐데 자동차 대신 지하철을 타고 가는 게 어때요?
   여 : 근데 거기까지 지하철을 타고 가면 여러 번 갈아타야 해서 더 오래 걸릴 수도 있어요. 내가 길이 막히는지 확인해 볼게요.

[9–10]

p.127

9. 여 : 어서 오세요. 무엇을 도와드릴까요?
   남 : 지난주에 여기서 가방을 샀는데요. 들자마자 끈이 떨어졌어요.
   여 : 정말 죄송합니다. 제가 좀 봐도 될까요?
   남 : 끈 부분 바느질이 처음부터 좀 엉망이었어요.
   여 : 정말 그러네요. 끈 부분은 시간을 좀 주시면 고쳐 드릴 수가 있는데요. 원하시면 새 제품으로 교환해 드리겠습니다.
   남 : 그냥 고쳐 주세요. 다 되면 집으로 보내 주실 수 있지요?
   여 : 네. 물론이지요. 최대한 빨리 보내 드리겠습니다.

10. 여기는 제주도 바다 축제 현장입니다. 축제 기간 동안 제주도에서 나는 각종 해산물을 맛볼 수 있다고 합니다. 저렴한 가격에 싱싱한 재료들로 요리한 제주도 음식을 꼭 드시러 오세요. 멀리 신나는 음악 소리도 들리는데요. 축제 기간 내내 유명 밴드의 공연을 무료로 즐기실 수도 있습니다. 무대가 해수욕장 바로 옆에 있어서 수영을 하면서 음악을 들으실 수 있습니다. 이 뿐만이 아닙니다. 해수욕장 근처 안내 센터에서 바다를 주제로 한 전시회도 열리고 있다고 하니까 꼭 들러 주세요.

[11–12]

p.127

11. 여 : 요즘 일도 많고 장보기도 귀찮아서 계속 밖에서 음식을 사 먹었거든. 그래서 그런지 속이 많이 안 좋아.
    남 : 바쁠 때는 어쩔 수 없지만 주말이라도 음식을 만들어서 먹어 봐. 요리하는 게 힘들 것 같지만 요리를 하면 오히려 스트레스가 풀리던데. 물론 건강에도 좋고. 내가 간단하게 요리하는 법을 가르쳐 줄게. 시간이 있을 때 재료를 미리 준비해 두면 쉽게 만들어 먹을 수 있어. 미리 썰어 둔 채소

를 밥하고 볶아서 먹거나 채소에 구운 고기를 올려서 샐러드를 만들어 먹어 봐.

12. 여 : 이거 인터넷 쇼핑몰에서 주문한 옷인데 사진에서 본 거하고 너무 달라. 색깔도 좀 촌스럽고 바지통이 좁아서 너무 불편해. 백화점에 가서 입어 보고 살걸 그랬어.

남 : 길이도 너무 짧은데? 길이가 길면 줄여서 입을 수 있지만 짧으면 방법이 없잖아. 역시 물건은 눈으로 보고 사는 게 좋은 것 같아. 그래서 나는 백화점에 가서 미리 물건을 확인한 다음에 인터넷 쇼핑몰에서 주문을 하기도 해. 좀 귀찮기는 하지만 마음에 드는 물건을 싸게 살 수 있어서 좋은 것 같아.

[13–14]

p.127

여 : 안녕하세요? 고객님. 무엇을 도와드릴까요?

남 : 지난주에 주문한 등산복이 아직 도착하지 않아서요.

여 : 그러세요? 정말 죄송합니다. 주문하신 분 성함과 전화번호 뒷자리를 말씀해 주시면 바로 확인해 드리겠습니다.

남 : 저는 김철수고요. 4283번이에요.

여 : 남성용 등산복 100사이즈, 검정 색상을 주문하셨네요. 고객님, 확인해 보니까 오늘 아침 배송 기사님께 전달이 됐습니다. 오후 6시 정도에는 받아 보실 수 있을 것 같습니다.

남 : 방송에서 사흘 안에 배송이 될 거라고 해서 주문을 했는데 왜 이렇게 늦게 와요?

여 : 정말 죄송합니다. 다음 주가 설 연휴라서 배송이 많이 밀리나 봅니다. 받으신 후에 상품에 이상이 있거나 마음에 들지 않으시면 다시 연락 주시기 바랍니다.

남 : 알겠어요.

[15–16]

p.128

여 : 오늘 외국인 요리 대회 우승자는 프랑스에서 온 줄리앙 씨입니다. 큰 박수 부탁드립니다. 줄리앙 씨, 지금 기분이 어떠신가요?

남 : 정말 기쁩니다. 우선, 저에게 한국 요리를 가르쳐 주신 요리 학원 선생님께 감사하다는 말을 전하고 싶습니다. 그리고 제가 음식을 만들 때마다 옆에서 맛있다고 칭찬해 준 친구들 덕분에 오늘 우승하게 된 것 같습니다.

여 : 오늘 한국 사람들도 만들기 어려운 보쌈을 만드셨는데요. 이 요리를 선택하신 이유가 있나요?

남 : 네. 보쌈은 고기를 굽거나 튀기지 않고 삶아서 먹기 때문에 건강에 무척 좋은 음식이라고 생각했고요. 김치에 고기를 싸서 먹는 방법이 재미있었어요. 여러 채소와 김치에 고기를 싸서 먹으니까 훨씬 맛있던데요. 제 고향에 있는 가족들과 친구들에게도 한국의 보쌈을 꼭 소개해 주고 싶어요.

여 : 다음에 만들어 보고 싶은 한국 음식은 뭔가요?

남 : 비빔밥을 만들어 보고 싶어요. 저는 맛도 좋고 몸에도 좋은 한국 음식에 관심이 많거든요.

복습 3

[1–2]

track 19 p.187

1. 남 : 사고가 난 것을 직접 보셨습니까?

여 : 네, 아이가 횡단보도를 건너가는데 갑자기 택시가 달려와서 아이를 쳤어요.

남 : 택시 기사는 아이가 신호를 지키지 않고 횡단보도를 건너기 시작했다고 하던데요.

여 : 아니에요. 신호를 어긴 건 택시예요. 다른 사람들도 함께 봤으니까 한번 물어보세요.

2. 한 결혼정보회사가 남녀 천명에게 '결혼기념일에 가장 받고 싶은 선물'에 대해 물었습니다.

여성들은 '갖고 싶은 걸 마음대로 살 수 있는 현금이나 신용 카드'가 1위, 뒤이어 '명품 가방'과 '반지나 목걸이', '감동적인 깜짝 이벤트'의 순서로 답했습니다.

남성의 경우 '마음대로 게임을 하거나 친구들을 만날 수 있는 자유 시간'이 1위였습니다. 남성들은 "아내와 함께 시간을 보내는 것도 좋겠지만 하루쯤은 아무 생각 없이 게임하고 친구들과 늦은 시간까지 놀 수 있는 나만의 시간을 선물받고 싶다."고 했습니다. 2위는 자동차, 3위는 게임기나 핸드폰 등 최신 전자 제품이었습니다.

[3–6]

p.188

3. 남 : 너 왜 내 문자에 답장을 안 해? 몇 번이나 보냈는데…….

여 : 나한테 문자를 보냈다고? 난 못 받았는데……. 요즘 내 휴대폰이 이상해. 전화도 자꾸 끊기고……. 고장인가 봐.

4. 남 : 수술한 데는 어때요? 많이 아프지 않아요?
여 : 어제까지는 많이 아프더니 오늘은 좀 괜찮아요. 그보다도 회사 일이 걱정이에요.

5. 남 : 김우진 씨는 아직 안 왔어요?
여 : 김우진 씨 오늘 못 온다고 전화 왔어요. 어제 어머니가 눈길에 미끄러지셔서 크게 다치셨나 봐요.

6. 여 : 며칠 전부터 컴퓨터가 느려지더니 오늘 아침부터는 인터넷 연결이 전혀 안 돼요.
남 : 바이러스에 걸린 것 같습니다. 이럴 땐 컴퓨터 프로그램을 다 지우고 다시 깔아야 합니다.

[7–10]

p.188

7. 남 : 어, 이게 왜 이러지?
여 : 왜 그래요? 늦겠어요. 빨리 출발해요.
남 : 시동을 걸었는데 잠깐 엔진이 돌다가 금방 꺼지네요.
여 : 배터리가 나갔나 봐요. 보험 회사에 연락해서 빨리 와서 충전해 달라고 해야겠어요.

8. 남 : 아사코 씨도 한글날 기념 글짓기 대회에 참가한다고 그랬지요? 참가 신청은 했어요?
여 : 아, 네. 그런데 언제까지 신청해야 하지요? 인터넷으로 하면 되지요?
남 : 인터넷 신청은 어제 끝났는데 사무실에 직접 신청서를 내면 오늘까지 해도 된다고 했어요. 그런데 벌써 5시니까 빨리 가 보세요.
여 : 고마워요. 앙리 씨 아니었으면 글짓기 대회에 참가 못 할 뻔했네요.

9. 여 : 아까부터 물소리가 계속 나네. 화장실에 수돗물 틀어 놓고 안 잠근 거 아냐?
남 : 응, 일부러 틀어 놨어. 내일 물탱크 청소한다고 해서 미리 받아 놓으려고.
여 : 그래? 난 몰랐는데……. 내일 물 안 나온대?
남 : 아까 아파트 안내 방송 나왔는데 못 들었어? 하루 종일 물 안 나올 거라고 했는데…….
여 : 그럼 나도 빨리 가서 물 받아야겠다.

10. 남 : '한국전자 서비스 센터'입니다. 무엇을 도와드릴까요?
여 : 얼마 전에 산 세탁기가 탈수가 잘 안돼서요.
남 : 그러십니까? 많이 불편하셨겠습니다. 곧 직원을 보내 드리겠습니다.
여 : '한국전자' 거라 믿고 샀는데 정말 실망했어요. 산 지 한 달밖에 안 됐는데 그냥 반품하고 환불받고 싶어요.
남 : 죄송합니다. 고객님, 다음에도 같은 문제가 생기면 새 제품으로 교환해 드리겠습니다. 우선 오늘은 저희 직원을 보내서 수리해 드리겠습니다.
여 : 네, 알겠어요. 그럼 빨리 와서 고쳐 주세요.

[11–12]

p.189

11. 남 : 네, '서울 경찰서'입니다.
여 : 여기 신림 사거리인데요. 태풍 때문에 간판이 떨어져서 도로가 엉망이에요.
남 : 아, 그렇습니까? 신림 사거리요? 혹시 다친 사람은 없습니까?
여 : 다친 사람은 없는 것 같은데 간판이 사거리 가운데 떨어져 있어서 길도 꽉 막히고 위험한 상황이에요.
남 : 알겠습니다. 지금 곧 가 보겠습니다. 전화해 주셔서 감사합니다.

12. 지난 5월 2호선 지하철역 사고 현장에서 많은 승객을 구한 대학생이 있습니다. 당시 사고는 엔진 고장으로 잠시 서 있는 열차와 뒤에서 달려온 다음 열차가 부딪쳐서 난 것이었는데 이 사고로 승객 200명이 다쳤습니다. 사고가 났을 때 서울대학교 학생인 고현빈 씨는 승객들에게 밖으로 나가는 길을 안내하고, 무서워서 혼자 못 내리는 노인과 여성, 아이들이 내리는 것을 도왔습니다. 당연한 일을 했는데도 불구하고 방송에 소개되어 부끄럽다는 고현빈 씨는 다른 승객들이 모두 전철에서 내린 후 제일 마지막으로 열차에서 나온 것으로 알려졌습니다.

[13–14]

p.189

13. 여 : 옆집 아이가 물놀이 갔다가 물에 빠질 뻔 했대요. 수영장 벽에 부딪혀서 눈 옆이 많이 찢어져서 10 바늘이나 꿰맸대요.
남 : 어쩌다가 그랬대요? 부모들은 뭘 하고 있었는데요?
여 : 아이가 튜브를 타고 있어서 안전하다고 생각하고 잠시 혼자 두었나 봐요.
남 : 수영도 잘 못하는 어린아이를 혼자 수영장에서 놀게 하면 안 되지요. 정말 큰일 날 뻔 했네요.

14. 여 : 컴퓨터 전원이 또 저절로 꺼졌어. 부팅 시간도 너무 오래 걸리고 켤 때마다 윙 소리도 나. 이젠 정말 컴퓨터 바꿔야겠어.

남 : 무슨 소리야? 고쳐서 써야지. 조금만 손보면 될 텐데…….

여 : 벌써 몇 번째야? 고치기 위해서 쓰는 돈이 더 많겠다. 7년이나 썼으면 오래 썼어.

남 : 이것 봐. 컴퓨터 뒤에 먼지가 이렇게 많으니까 이상한 소리가 나지. 넌 컴퓨터를 쓸 줄만 알지 관리할 줄은 모르는 것 같아. 이러면 아무리 컴퓨터를 바꿔도 소용없어.

[15–16]

p.190

남 : 너 가래떡 데이라고 들어봤어?

여 : 가래떡 데이? 가래떡은 떡국 만드는 긴 떡인데? 근데 가래떡 데이가 언제야?

남 : 11월 11일. 보통 빼빼로 데이로 알고 있는데 가래떡도 1자처럼 생겼으니까 11월 11일 가래떡 데이, 우리 쌀로 만든 가래떡 먹는 날. 괜찮지 않아?

여 : 그거 좋네. 나도 빼빼로 데이처럼 국적도 알 수 없는 이상한 기념일 지키는 거 좀 마음에 안 들었거든. 몸이 빼빼 마른 것이 꼭 좋은 것만은 아닌데 다이어트 하라고 서로 격려하는 것도 좀 웃기고…….

남 : 맞아. 과자 회사한테만 좋은 일 하는 거지. 가래떡은 쌀로 만드니까 건강에도 좋고 농민들도 도울 수 있으니까 가래떡 데이로 기념하면 더 좋을 것 같아.

여 : 맞아. 근데 가래떡 데이에는 어떤 행사를 해?

남 : 가족이나 친구끼리 가래떡을 맛있게 먹는 사진을 쌀 박물관 홈페이지에 올리면 선물을 준대. 떡볶이 먹는 사진도 괜찮대, 우리도 해 볼까?

모범 답안 Answer key

1과 신입생 환영회를 한다고 해요

어휘 p.18

연습 1 1) 오리엔테이션 2) 신입생 환영회
3) 축제 4) 동아리

연습 2 1) 전공 2) 과목
3) 장학금 4) 학점
5) 강의

연습 3 1) 참석하실 2) 지원하
3) 참가하 4) 가입하

문법과 표현

1. A-다고 하다, V-ㄴ다고/는다고 하다, N(이)라고 하다 p.20

연습 1 1) 한국어 발음이 조금 어렵다고 해요
2) 한국 음식이 별로 맵지 않다고 해요
3) 이번 학기에 한국 역사 강의를 듣는다고 해요
4) 중요한 시험이 있어서 학교 마라톤 대회에 참가하지 않는다고 해요
5) 토니 씨 전공이 컴퓨터 공학이라고 해요

연습 2 1) 저는 학교 앞 고시원에서 산다고 했어요
2) 대학교에 입학하면 여행 동아리에 가입하고 싶다고 했어요
3) 저는 1년 전에 대학교를 졸업했다고 했어요
4) 지난 학기에는 전공과목을 많이 신청해서 정말 힘들었다고 했어요
5) 토니 씨는 교환 학생이라고 했어요
6) 저 친구는 경제학과 학생이 아니라고 했어요

연습 3 1) 고향에 갔다 올 거라고 했어
2) 싸이어 씨는 다음 학기에 배울 것을 혼자 미리 공부할 거라고 했어
3) 지용 씨는 방학 동안 운동을 열심히 해서 건강해질 거라고 했어
4) 수미 씨는 음악 학원에 등록해서 피아노를 배울 거라고 했어
5) 하루카 씨는 아르바이트를 할 거라고 했어. 편의점에서 하루에 8시간씩 일하기로 했다고 해

2. V-아야겠다/어야겠다 p.23

연습 1 1) 사러 가야겠어요 2) 먹어 봐야겠어요
3) 읽어야겠어요 4) 넣어야겠어요
5) 먹어야겠어요

연습 2 1) 가족 여행을 가야겠어요
2) 운동을 좀 해야겠어요
3) 약을 가져가야겠어요
4) '한국의 집'에 데리고 가야겠어요
5) 가난한 사람들을 도와야겠어요

3. A-다고 들었다, V-ㄴ다고/는다고 들었다, N(이)라고 들었다 p.24

연습 1 1) 동생이 아프다고 들었어요
2) 해물탕이 맛있다고 들었어요
3) 등산을 간다고 들었어요
4) 고기를 못 먹는다고 들었어요
5) 고향에 돌아갔다고 들었어요
6) 회의가 다음 주라고 들었어요
7) 졸업식 장소가 대강당이라고 들었어요

연습 2 1) 이번 주 금요일이라고 그랬어요/말했어요
2) 요즘 비가 많이 왔다고 들었어요
3) 사진 전시회에 간다고 말했어요/그랬어요
4) 다음 주라고 말했어요/그랬어요
5) 수업도 재미있고 교수님도 좋다고 들었어요/그랬어요
6) 맵지만 맛있다고 말했어요/그랬어요
7) 일은 재미있는데 월급이 좀 적다고 생각해요
8) 참 예쁘다고 생각했어요

4. A-대(요), V-ㄴ대/는대(요), N(이)래(요) p.26

연습 1 1) 네, 아르바이트를 시작해서 바쁘대요
2) 네, 바람이 많이 불어서 춥대요
3) 네, 유자차에는 비타민이 들어 있어서 감기에 좋대요
4) 네, 일이 많아서 오늘 회식 때 못 온대요
5) 네, 시간이 안 맞아서 못 듣는대요
6) 서울갈비래요
7) 오늘이래요

연습 2 1) 한국 신문을 안 읽는대요 / 이해할 수 없대요

2) 전공하고 싶대요 / 스페인어를 전공하고 싶대요

3) 모임에 참석 못 한대요 / 참석 못 한대요

4) 좋아한대요 / 좋아한대요

5) 결혼한대요 / 내년에 한대요

6) 어디래요 / 예술의전당에 자주 간대요

7) 어떻대요 / 요즘 덥고 습하대요

8) 어떻대요 / 사람들도 친절하고 생활도 재미있대요

문형 연습

p.28

연습 1 1. 민수 씨는 노래를 잘 부른다고 했어요

2. 카렌 씨는 음식을 맛있게 만든다고 했어요

3. 사진 두 장이 필요하다고 했어요

4. '친구'라는 영화가 재미있다고 했어요

연습 2 1. 파티 준비를 해야겠어요

2. 비행기 표를 예약해야겠어요

3. 잘라야겠어요

4. 연락해 봐야겠어요

연습 3 1. 춥다고 들었어요

2. 독일에 산다고 들었어요

3. 비빔밥을 잘 먹는다고 들었어요

4. 4시라고 들었어요

연습 4 1. 네, 인기가 많대요

2. 네, 참석한대요

3. 네, 매운 음식을 잘 먹는대요

4. 네, 한국어 선생님이래요

2과 방을 바꿔 달라고 해 봐

어휘

p.32

연습 1

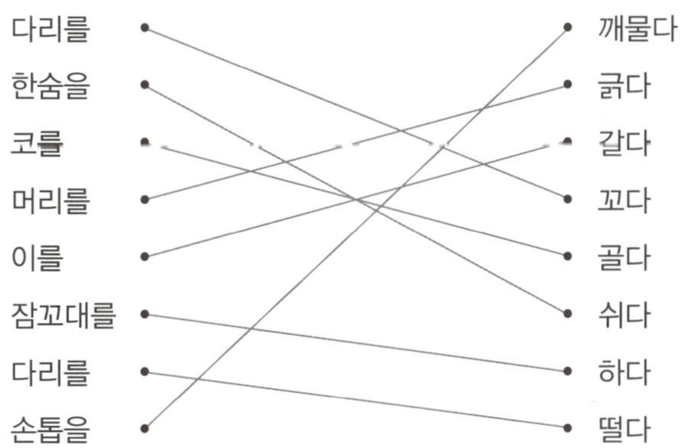

2) 가　3) 골아　4) 잠꼬대

5) 한숨　6) 깨물어　7) 긁으

8) 떨

연습 2 1) 잔소리를 하셔　2) 조언을 들어

3) 야단을 쳤어　4) 불평을 하

연습 3 1) 버릇　2) 잔소리　3) 야단

4) 불평　5) 조언　6) 기르

문법과 표현

1. V-자마자

p.34

연습 1 1) 일어나자마자 물을 마셔요

2) 운동이 끝나자마자 샤워해요

3) 집에 들어오자마자 손을 씻어요

4) 학교에서 돌아오자마자 숙제해요

연습 2 1) 취직하자마자 결혼할 거래요

2) 대학교에 입학하자마자 운전을 배웠대요

3) 대학을 졸업하자마자 이 회사에 다니기 시작했대요

4) 이사하자마자 집들이를 한대요

연습 3 1) 수업이 끝나자마자 점심을 먹었어요

2) 일어나자마자 세수했어요

3) 퇴근하자마자 집에 갔어요

4) 학교에 오자마자 단어를 공부했어요

연습 4 1) 집에 오자마자 TV를 켜는 습관은 안 좋아요

2) 식사를 하자마자 물을 마시는 습관은 안 좋아요

3) 아침에 일어나자마자 진한 커피를 마시는 습관은 안 좋아요

4) 회사에 출근하자마자 채팅을 하는 습관은 안 좋아요

2. V-(으)라고 하다

p.36

연습 1 1) 출근하라고 하셨어요

2) 사 오라고 했어

3) 발표 원고를 내라고 하셨어

4) 늦지 말라고 하셨어요

연습 2 1) 전화해 달라고 했어요

2) 주소를 좀 가르쳐 달라고 했어요

3) 여행 가방을 좀 빌려 달라고 했어요

4) 보내 주라고 했어요

5) 전해 주라고 했어

6) 스티븐 씨가 이사하니까 가서 좀 도와주라고 했어요

3. V-느라고

p.38

연습 1 1) 다른 생각을 하느라고
2) 회의하느라고
3) 아르바이트하느라고
4) 친구를 만나고 오느라고
5) 이사하느라고

연습 3 1) 다쳐서　2) 청소하느라고
3) 들어서　4) 잠꼬대를 해서
5) 준비하느라고

연습 4 1) 일하느라고　2) 일어나서
3) 게임해서　4) 늦게 와서
5) 발표 준비하느라고

4. 누구나, 언제나, 어디나, 무엇이나, 무슨 N(이)나

p.40

연습 1 1) 누구나　2) 언제나　3) 어디나　4) 무엇이나

연습 2 1) 무슨 운동이나 다 잘해요
2) 저는 어떤 영화나 다 좋아해요
3) 저는 무슨 요일이나 다 괜찮아요
4) 어느 책이나 다 재미있어요

연습 3 1) 어디에나　2) 누구에게나
3) 누구하고나

연습 4 내가 좋아하는 사람은
언제나 웃고,
누구에게나 친절하고,
무엇이나 다 잘 알고,
어디에서나 잘 노는 사람입니다.

내가 생각하는 좋은 세상은
언제나 재미있는 곳,
누구나 행복한 곳,
무엇이나 다 있는 곳,
무슨 음식이나 다 맛있는 곳입니다.

문형 연습

p.42

연습 1 1. 식사를 마치자마자 차를 마셔요
2. 방학하자마자 여행 가요
3. 사장님이 오시자마자 회의를 시작해요
4. 중간시험이 끝나자마자 동아리 모임을 해요

연습 2 1. 책을 읽으라고 했어요
2. 늦게 오지 말라고 했어요
3. 펜 좀 빌려 달라고 했어요
4. 이 서류를 민수 씨에게 전해 주라고 했어요

연습 3 1. 회의 준비하느라고 못 갔어요
2. 공부하느라고 힘들어요
3. 면접 준비하느라고 바빠요
4. 친구 만나고 오느라고 늦었어요

연습 4 1. 네, 마리코 씨는 언제나 제일 일찍 와요
2. 네, 이 식당 음식은 무엇이나 맛있어요
3. 네, 시장은 어디나 사람이 많아요
4. 네, 요즘 아이들은 누구나 컴퓨터 게임을 좋아해요

3과 비가 이렇게 많이 올 줄 몰랐어요

어휘

p.46

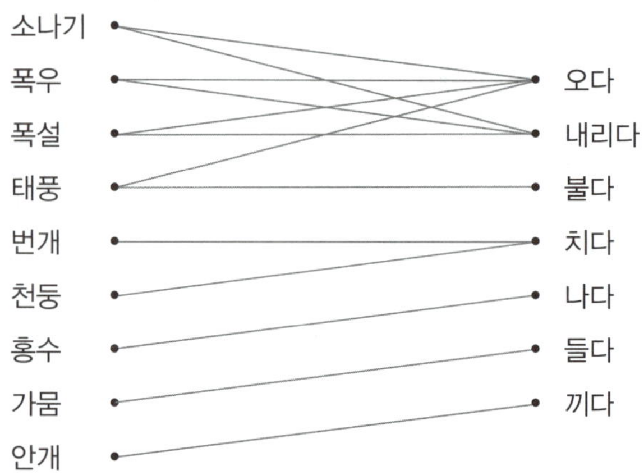

연습 1 1) 폭설이 내려, 폭설이 와
2) 안개가 껴
3) 번개가 쳐
4) 홍수가 났 / 가뭄이 들었
5) 태풍이 불 / 폭우가 내리, 폭우가 오

연습 2 1) 최고 기온　2) 최저 기온
3) 영하　4) 폭설

연습 3 1) 떨어져　2) 쓰러졌어요
3) 부서졌어요　4) 무너졌어요

문법과 표현

1. A/V-(으)ㄹ 텐데

p.48

연습 1

1) 배고플 텐데	먼저 드세요
2) 어제 늦게까지 일해서 피곤할 텐데	오늘은 일찍 들어가세요
3) 다리가 아플 텐데	여기 좀 앉으세요
4) 추워서 손이 시릴 텐데	이 장갑을 끼세요

연습 2 1) 표가 없을 텐데 2) 위험할 텐데
3) 걱정하실 텐데 4) 영화가 곧 시작할 텐데
5) 시간이 오래 걸릴 텐데

연습 3 1) 글쎄요. 좀 매울 텐데요
2) 글쎄요. 좀 어려울 텐데요
3) 글쎄요. 비가 와서 추울 텐데요
4) 글쎄요. 닫았을 텐데요

연습 4 1) 너도 같이 보면 좋을 텐데……
2) 너도 같이 가면 좋을 텐데……
3) 너도 같이 마시면 좋을 텐데……
4) 너도 참석하면 좋을 텐데……

2. A-(으)냐고 하다[묻다], V-느냐고 하다[묻다], N(이)냐고 하다[묻다]

p.50

연습 1 1) 어떠냐고 2) 언제냐고
3) 끝나느냐고 4) 재미있느냐고
5) 가느냐고

연습 2 1) 모임이 몇 시에 끝나느냐고 물어보세요
2) 뭘 가져가면 좋으냐고 물어보세요
3) 제주도에도 비가 오느냐고 물어보세요
4) 보고서를 언제까지 내야 하느냐고 여쭤보세요

연습 3 1) 약국에 전화해서 몇 시에 문을 닫느냐고 물어보세요
2) 학교에 전화해서 김 선생님이 학교에 나오시느냐고 물어보세요
3) 사무실에 전화해서 한국어 책을 사무실에서 살 수 있느냐고 물어보세요
4) 학교에 전화해서 내일 학교에 가야 하느냐고 물어보세요

연습 4 1) 왜 한국어를 배우느냐고 물어보셨어요
2) 왜 그 회사에서 일하고 싶으냐고 물어봐요
3) 시간이 나면 주로 뭘 하느냐고 물어보고 싶어요
4) 신혼여행을 어디로 가느냐고 물어보고 싶어요

3. A/V-(으)ㄹ 줄 몰랐다

p.52

연습 1 1) 서울의 거리가 이렇게 복잡할 줄 몰랐어요
2) 한국의 여름이 이렇게 더울 줄 몰랐어요
3) 눈이 이렇게 많이 올 줄 몰랐어요
4) 그 가수가 그렇게 노래를 잘할 줄 몰랐어요
5) 그 영화가 그렇게 무서울 줄 몰랐어요
6) 남이섬이 그렇게 아름다울 줄 몰랐어요
7) 바람이 그렇게 많이 불 줄 몰랐어요

연습 2 1) 수영할 줄 모르 2) 매울 줄 모르
3) 기다리실 줄 모르 4) 올 줄 모르
5) 비 올 줄 모르 6) 선생님이신 줄 모르

4. V-자고 하다

p.54

연습 1 1) 스티븐 씨가 날씨가 좋으면 한강공원에 가자고 했어요
2) 샤오밍 씨가 수업 끝나자마자 대사관에 가자고 했어요
3) 어머니가 집에 와서 같이 이야기 좀 하자고 하셨어요
4) 시청역 2번 출구에서 만나자고 했어요
5) 지연 씨가 저녁에 자기 집에서 같이 불고기를 만들자고 했어요
6) 여자 친구가 오늘 저녁에 같이 영화 보자고 했어요

연습 2 1) 친구가 축구 구경 가자고 해서 축구 구경 가지 말고 여의도에 꽃구경을 가자고 했어요
2) 친구가 일기 예보에서 뭐라고 했느냐고 해서 일기 예보를 못 들었다고 했어요
3) 친구가 주말에 놀이공원에 가자고 해서 놀이공원보다 등산 가는 게 더 좋다고 했어요
4) 친구가 방학에 뭐 할 거냐고 해서 자전거 여행은 가고 싶은데 같이 가자고 했어요
5) 친구가 여기도 날씨가 흐리냐고 해서 여기는 맑다고 했어요
6) 친구가 내일 카메라를 가져오라고 해서 유진 씨한테 빌려주었는데 아직 못 받았다고 했어요

문형 연습

p.56

연습 1 1. 시험이 어려울 텐데 어떡하죠
2. 비행기 표가 비쌀 텐데 어떡하죠
3. 늦게 끝날 텐데 어떡하죠
4. 자리가 없을 텐데 어떡하죠

연습 2 1. 결혼식에 갈 때 어떤 옷을 입고 가느냐고 물어봤어요
2. 한국은 여름에 더우냐고 물어봤어요
3. 몸이 아픈데 오늘 일찍 퇴근해도 되느냐고 물어봤어요
4. 한국어 책을 어디에서 살 수 있느냐고 물어봤어요

연습 3 1. 네, 비가 이렇게 많이 올 줄 몰랐어요
2. 네, 방학이 이렇게 빨리 끝날 줄 몰랐어요
3. 네, 한국 음식이 이렇게 맛있을 줄 몰랐어요
4. 네, 학생들이 이렇게 책을 많이 읽을 줄 몰랐어요

연습 4 1. 빨리 가자고 했어요
2. 같이 사진을 찍자고 했어요
3. 천천히 걷자고 했어요
4. 한국에서 함께 살자고 했어요

복습 1 어휘와 문법

어휘 확인

p.60

1. 1) 고치 2) 잔소리 3) 신청해
4) 참석해 5) 태풍 6) 영하

2. 1) 버릇, 버릇, 버릇
2) 들다, 드는, 들어
3) 떨어지다, 떨어졌다, 떨어지기

문법 확인

p.61

1. 1) 친구와 노느라고 숙제를 못 했어요
2) 네, 아까 저녁 먹자마자 이를 닦았어요
3) 사전 좀 빌려 달라고 했어요
4) 좋았어요. 부산 바다가 그렇게 아름다울 줄 몰랐어요
5) 아직 안 들어 봤는데 한번 들어봐야겠네요
6) 12월에 호주는 여름이라서 더울 텐데요. 코트는 안 가져가도 돼요

2. 1) 교수님께서 전공 수업이 중요하다고 하셨어요
2) 미안해요. 케이크를 사느라고 늦었어요
3) 제 외국 친구가 한국말을 잘 못할 텐데 한국 구경을 잘할 수 있을까요

평가하기

p.62

1. ① 2. ③ 3. ① 4. ② 5. ② 6. ③ 7. ①
8. ② 9. ④ 10. ③ 11. ① 12. ② 13. ③
14. ④ 15. ④ 16. ④ 17. ④

복습 1 듣기

p.65

1. ④ 2. ② 3. ③ 4. ④ 5. ③ 6. ② 7. ①
8. ② 9. ① 10. ② 11. ④ 12. ④ 13. ④
14. ① 15. ① 16. ④

복습 1 읽기와 쓰기

p.69

1. ③ 2. ② 3. ① 4. ③ 5. ② 6. ② 7. ④
8. ③ 9. ② 10. ② 11. ② 12. ④ 13. ③
14. 언제나 가지고 다녀야 합니다.
15. 쓰레기는 어떻게 버리는

4과 먹어 보니까 맛있던데요

어휘

p.80

연습 1 1) 간장, 설탕, 후추 2) 썰, 다지
3) 섞어 4) 구우

연습 2

튀기다 — (구이 그림과 교차 연결)
굽다 — (교차 연결)
찌다
부치다
볶다

1) 튀긴 2) 부쳐 3) 구우 4) 쪄

연습 3 1) 싸 2) 말아 3) 찍어 4) 발라

문법과 표현

1. A-(으)ㄴ가 보다, V-나 보다, N인가 보다

p.82

연습 1 1) 배가 고픈가 봐요
2) 오늘 소개팅이 있나 봐요
3) 시험이 어려운가 봐요
4) 영화가 재미있나 봐요

연습 2 1) 여행을 가나 봐요 2) 간식을 만드나 봐요
3) 자나 봐요 4) 상을 받았나 봐요

연습 3 1) 여자 친구인가 봐요 2) 쌍둥이인가 봐요
3) 시험 기간인가 봐요
4) 요즘 감기가 유행인가 봐요

연습 4 1) 남자 친구와 싸웠나 봐요
2) 배가 많이 고팠나 봐요
3) 남자 친구한테 반지를 선물받았나 봐요
4) 바쁜 일이 있나 봐요

2. N(이)나 p.84

연습 1 1) 책이나 읽으려고 해요 2) 영화나 보려고 해요
3) 죽이나 먹으려고 해요 4) 잠이나 자려고 해요

연습 2 1) 그럼 집에서 텔레비전이나 보자
2) 그럼 근처 공원에서 산책이나 할까요
3) 그럼 물이나 한 잔 주세요
4) 그럼 영화나 보자

3. V-아/어 보니(까) p.85

연습 1 1) 번지 점프를 해 보니까
2) 한국어를 배워 보니까
3) 그 회사에 다녀 보니까
4) 한국 음식을 먹어 보니까
5) 이 책을 읽어 보니까

연습 2 1) 가 보니까 2) 전화해/연락해 보니까
3) 먹어 보니까 4) 입어 보니까

4. A/V-던데(요) p.86

연습 1 1) 재미있던데요 2) 좋던데요
3) 멋있던데요 4) 전화하던데요
5) 공부하던데요

연습 2 1) 예쁘던데요 2) 많이 왔던데요
3) 경치가 아름답던데요 4) 잘하던데요

연습 3 1) 일이 많다고 하던데요
2) 내년 봄에 돌아간다고 하던데요
3) 5월 4일이라고 하던데요
4) 함께 한강공원에 가자고 하던데요

연습 4 1) 떡볶이가 맛있다던데요
2) 매운 음식을 잘 먹는다던데요
3) 간장과 설탕을 넣는다던데요
4) 비가 온다던데요

문형 연습 p.88

연습 1 1. 많이 피곤한가 봐
2. 아이들이 싸우나 봐
3. 오늘부터 세일인가 봐
4. 잠을 못 잤나 봐

연습 2 1. 그럼 산책이나 할까요
2. 그럼 차나 마실까요
3. 그럼 피자나 시켜 먹을까요
4. 그럼 빵이나 살까요

연습 3 1. 가 보니까 아름다웠어요
2. 만나 보니까 마음에 들었어요
3. 읽어 보니까 재미있었어요
4. 들어 보니까 좋았어요

연습 4 1. 생각보다 어렵던데요
2. 생각보다 춥던데요
3. 생각보다 맛있던데요
4. 생각보다 싸던데요

5과 입어 보고 살걸 그랬어요

어휘 p.92

연습 1 1) 적당한 2) 꽉 끼는
3) 헐렁한 4) 딱 맞는
5) 통이 넓어 6) 굽이 높은
7) 품이 작아 8) 소매가 없어
9) 치수가 잘 맞

연습 2

1)

2)

3)

- 이번 여름에는 소매 없는 헐렁하고 긴 블라우스에 꽉 끼는 무릎 길이의 바지를 입는 게 유행이에요.
- 요즘에는 품이 넉넉한 양복보다는 몸에 딱 맞는 양복이 더 인기가 있어요. 바지통도 좁게 입는 편이에요.
- 1920년대에는 소매가 넉넉하고 길이가 약간 긴 저고리에 통이 넓고 길이가 짧아서 발목이 보이는 치마를 입는 것이 유행이었대요.

(1) – 요즘에는 품이 넉넉한 양복보다는…, 2) – 1920년대에는…, 3) – 이번 여름에는…)

연습 3 1) 할인　　2) 구입하시
3) 배송비　　4) 할부

문법과 표현

1. V-(으)ㄹ까 말까 (하다) p.94

연습 1 1) 품이 작아서 살까 말까 생각 중이에요
2) 감기 기운이 있어서 운동할까 말까 생각 중이에요
3) 성격이 안 맞아서 만날까 말까 생각 중이에요
4) 이번 달에 생활비를 많이 써서 살까 말까 생각 중이에요

연습 2 1) 먹을까 말까 하다가　　2) 신을까 말까 하다가
3) 반품할까 말까 하다가　　4) 교환할까 말까 하다가

연습 3 1) 입을까 말까 / 치마가 너무 짧은데
2) 먹을까 말까 / 얼굴이 붓는데
3) 입을까 말까 / 싸게 샀는데
4) 볼까 말까 / 내일이 시험인데

2. V-지 그래(요)? p.96

연습 1 1) 지하철을 타지 그래요
2) 이야기해 보지 그래요
3) 빨리 가져오지 그래요
4) 인터넷에서 사지 그래요

연습 3 1) 볼까 말까 하고 있어요 / 물어보지 그래요
2) 갈까 말까 하고 있어요 / 가지 그래요
3) 할까 말까 하고 있어요 / 쉬지 그래요
4) 할까 말까 하고 있어요 / 하지 그래요
5) 갈까 말까 망설이고 있어요 / 가지 그래요
6) 입을까 말까 망설이고 있어요 / 입지 그래요
7) 살까 말까 망설이고 있어요 / 사지 그래요
8) 할까 말까 망설이고 있어요 / 보내지 그래요

3. V-(으)ㄹ걸 (그랬다) p.98

연습 1 1) 지난주에 교환할걸 그랬어
2) 굽이 낮은 구두를 신을걸 그랬어
3) 카메라를 가져올걸 그랬어
4) 라면을 먹지 말걸 그랬어

연습 2

구두를 현금으로 샀다. 구두를 산 후에 김밥을 사 먹으려고 했는데 돈이 없었다.	인터넷으로 블라우스를 샀는데 사이즈도 안 맞고 생각보다 색깔도 마음에 안 든다.	지난달에 쇼핑을 너무 많이 해서 카드 대금이 많이 나왔다.	새로 산 구두가 너무 딱 맞아서 바꿀까 말까 하다가 그냥 신었는데 발이 아프다.
카드로 결제할걸 그랬다.	옷 가게에서 보고 살걸 그랬다.	돈을 아껴 쓸걸 그랬다.	교환할걸 그랬다.

연습 3 1) 인터넷에서 사지 말걸 그랬어요
2) 다른 노트북을 살걸 그랬어요
3) 어제 살걸 그랬네요
4) 다른 걸 먹을걸 그랬어요

연습 4 2) 지하철을 탈걸 그랬다
3) 우산을 가져갈걸 그랬다

4. N(이)라도 p.100

연습 1 1) 그럼 아르바이트라도 하지 그래요?
2) 그럼 이메일이라도 보내 주세요.
3) 그럼 그거라도 주세요.
4) 그럼 양산이라도 빌려주세요.

연습 2 1) 주스는 없고 물만 있는데 물이라도 마실래
2) 드라마는 안 하고 뉴스만 하는데 뉴스라도 볼래
3) 잡지는 없고 만화책만 있는데 만화책이라도 볼래

연습 3 1) 그럼 만 원이라도 빌려줄래?
2) 그럼 가까운 인천이라도 갈까?
3) 그럼 중고차라도 사.
4) 그럼 김치찌개라도 끓여.

문형 연습 p.102

연습 1 1) 살까 말까 하고 있어요
2) 이사할까 말까 하고 있어요
3) 등록할까 말까 하고 있어요
4) 만들까 말까 하고 있어요

연습 2 1) 택시를 타지 그래요
2) 운동을 하지 그래요
3) 일찍 가서 쉬지 그래요
4) 우유를 마시지 그래요

연습 3 1) (커피를) 마시지 말걸 그랬어요
2) (떡볶이를) 먹지 말걸 그랬어요
3) (수영복을) 가져올걸 그랬어요
4) 고향에 갔다 올걸 그랬어요

연습 4 1) 그럼 우유라도 주세요
2) 그럼 김치라도 주세요
3) 그럼 만화책이라도 주세요
4) 그럼 입석 표라도 주세요

6과 일요일에는 아무 약속도 없어요

어휘 p.106

연습 1 1) 붐빌 2) 한산하 3) 특이하
4) 평범한 5) 분위기가 좋아 6) 편안해
7) 아늑해

연습 2 1) 깔끔하고 2) 다양한
3) 저렴한 4) 신선한

연습 3 1) 약속을 정했다 2) 약속을 잘 지키는
3) 시간을 어긴

문법과 표현

1. A/V-거든(요), N(이)거든(요) p.108

연습 1 1) 배가 아프거든요 2) 잠을 못 잤거든요
3) 비싸거든요 4) 맛있거든요
5) 결혼식에 가야 하거든요
6) 싫어하거든요 7) 싸거든요

연습 2 1) 입었거든요 2) 무료거든요
3) 오래됐거든요 4) 싸거든요
5) 끝나거든요 6) 없거든요

2. 아무 N도 p.110

연습 1 1) 아직 아무 계획도 없는데요
2) 아무 걱정도 없는데요
3) 아무 말도 안 했는데요
4) 아무 데도 못 갔어요
5) 아무 말씀도 안 하셨어요
6) 아무 일도 없는데요
7) 아무 소리도 못 들었는데요
8) 아무 문제도 없어요

연습 2 1) 아무도 안 왔어요
2) 아무한테도 말하지 마세요
3) 아무것도 아니에요
4) 아무것도 없어요
5) 아무하고도 이야기하지 않았어요
6) 아무한테도 전화 안 했어요
7) 아무도 만나고 싶지 않아요

3. V-이/히/리/기-(피동) p.112

연습 1 1) 이 2) 기 3) 히 4) 리 5) 리 6) 히
7) 기 8) 이 9) 이 10) 기 11) 히 12) 뀌
13) 리 14) 히 15) 기 16) 리

연습 2 1) 끊겨요 2) 열려요
3) 보여요 4) 들려요

연습 3 1) 잠겨 있어요 2) 닫혀 있어요

3) 걸려 있어요　4) 열려 있어요
5) 쓰여 있어요　6) 놓여 있어요

연습 4 1) 바뀌　2) 잡혔
3) 잠겨　4) 끊긴

연습 5 1) 보이, 바뀌　2) 열리
3) 막히　4) 걸려

연습 6 1) 열려　2) 쓰여　3) 들렸다.
4) 잠겨　5) 들은　6) 닫혀
7) 놓여　8) 걸려　9) 닫혔다.
10) 열리지　11) 들렸다.

문형 연습 p.116

연습 1 1. 수업이 없거든요
2. 손님이 오시거든요
3. 월급을 받았거든요
4. 커피를 많이 마셨거든요

연습 2 1. 아무것도 못 먹었어요
2. 아무 데도 못 갔어요
3. 아무 계획도 없어요
4. 아무도 없어요

연습 3 1. 차 소리가 많이 들려요
2. 주말에 막혀요
3. 새벽에 끊겨요
4. 아이스커피가 잘 팔려요

연습 4 1. 전화번호가 바뀌었어요
2. 6시 표가 다 팔렸어요
3. 차 문이 잠겼어요
4. 결혼 날짜가 잡혔어요

복습 2 어휘와 문법

어휘 확인 p.120

1. 1) 지킬　2) 찍　3) 굽이 높아
4) 썰어　5) 입에 맞아　6) 결제

2. 1) 맞다, 맞아서, 맞는
2) 부치다, 부쳐, 부치러
3) 다듬다, 다듬어서, 다듬어

문법 확인 p.121

1. 1) 네, 춘천에서 닭갈비를 먹어 보니까 서울에서 먹는 거보다 더 맛있던데요.
2) 룸메이트에게 치과에 한번 가 보라고 말해 보지 그래요?
3) 과일은 없고 빵은 있는데 빵이라도 먹을래요?
4) 오후엔 시간이 없어요. 회의가 있거든요.
5) 저는 똑같은 시계를 한 달 전에 5만 원에 샀어요. 좀 더 기다릴걸 그랬네요.

2. 1) 민수 씨가 어제 모임에 안 온 걸 보니까 많이 바빴나 봐요
2) 해외여행이 어려우면 국내 여행이라도 가자
3) 내가 뛰어가서 기차를 타자마자 문이 닫혔다

평가하기 p.122

1. ②　2. ②　3. ②　4. ③　5. ②　6. ②　7. ④
8. ③　9. ③　10. ③　11. ②　12. ④　13. ①　14. ④
15. ②　16. ③　17. ②

복습 2 듣기 p.125

1. ①　2. ②　3. ②　4. ③　5. ②　6. ④　7. ③
8. ④　9. ③　10. ③　11. ①　12. ④　13. ①　14. ①
15. ①　16. ④

복습 2 읽기와 쓰기 p.129

1. ④　2. ③　3. ②　4. ②　5. ④　6. ③　7. ③
8. ④　9. ①　10. ④　11. ②　12. ①　13. ②
14. 요리하기가 귀찮을
15. 여러분을 기다리고 있습니다.

7과 껐다가 다시 켜 보세요

어휘 p.140

연습 1 1) 화면이 안 나와요　2) 종이가 걸려요
3) 액정이 나갔어요　4) 온도 조절이 안돼요
5) 채소가 얼어요　6) 이상한 소리가 나서요

연습 2 1) 수돗물을 잠가　2) 시동을 꺼
3) 플러그를 빼　4) 전원을 켜

문법과 표현

1. V-았다가/었다가 p.142

연습 1 1) 친구 집에 갔다가 친구가 없어서 다시 왔어요
2) 밖에 나갔다가 지갑을 두고 가서 다시 들어왔어요
3) 편지를 썼다가 잘못 써서 찢었어요
4) 그 옷을 샀다가 마음에 안 들어서 다른 옷으로 바꾸었어요
5) 안경을 썼다가 안 어울려서 벗었어요
6) 참석했다가 사정이 있어서 일찍 돌아왔어요
7) 예약했다가 일정이 바뀌어서 취소했어요

연습 2 1) 하다가 2) 신었다가 3) 자다가
4) 하다가 5) 앉았다가 6) 다니다가
7) 입원했다가

2. A-(으)ㄴ데도, V-는데도, N인데도 p.144

연습 1 1) 시계가 비싼데도 잘 팔려요
2) 날씨가 추운데도 사람들이 많이 왔어요
3) 비가 오는데도 경기를 한대요
4) 기숙사에 사는데도 돈이 많이 필요해요
5) 부자인데도 걱정이 많은 것 같아요
6) 세일 기간인데도 백화점이 한산해요

연습 2 1) 아뇨, 한국에 온 지 오래됐는데도 한국 생활이 어려워요
2) 아뇨, 버튼을 눌렀는데도 전원이 안 켜져요
3) 아뇨, 옷을 많이 입었는데도 추워요
4) 아뇨, 잘생겼는데도 여자 친구가 없어요
5) 아뇨, 수리했는데도 빨래가 잘 안돼요
6) 아뇨, 방학했는데도 바빠요
7) 아뇨, 약을 먹고 주사를 맞았는데도 열이 내리지 않아요

3. A/V-더니 p.146

연습 1 1) 동생이 시험 때는 열심히 공부하더니 시험이 끝나니까 공부를 안 해요
2) 비가 올 때는 밖에 사람이 없더니 비가 그치니까 사람이 많아졌어요
3) 두 사람이 지난주에는 잘 지내더니 오늘은 싸워서 말도 안 해요
4) 백화점 세일 때는 물건값이 싸더니 세일이 끝나니까 값이 올랐어요
5) 언니가 돈이 많을 때는 쇼핑을 자주 하더니 돈이 없으니까 쇼핑을 안 해요
6) 일요일에는 차가 많더니 월요일에는 차가 없어요

연습 2 1) 동생이 어릴 때부터 똑똑하더니 서울대학교에 입학했어요
2) 자동차에 문제가 많더니 결국 큰 고장이 났어요
3) 동생이 물을 많이 마시더니 화장실에 자주 가요
4) 친구가 열심히 논을 모으더니 새 차를 샀어요
5) 친구가 공부를 열심히 하더니 100점을 받았어요
6) 형이 축구를 열심히 하더니 축구 선수가 됐어요
7) 여동생이 책을 많이 읽더니 똑똑해졌어요
8) 남자 친구가 머리를 자르더니 멋있어졌어요

연습 3 1) 비싸더니 요즘은 싸요
2) 일을 많이 하더니 병이 났어요
3) 붐비더니 지금은 한산해요
4) 열심히 공부하더니 요즘에는 매일 놀아요
5) 남자 친구를 사귀더니 예뻐졌어요
6) 키가 작더니 지금은 190cm예요
7) 열심히 공부하더니 장학금을 받았어요
8) 막히더니 지금은 차가 별로 없어요
9) 추운데 밖에서 수영하더니 감기에 걸렸어요
10) 뜨겁더니 지금은 많이 식었네요

4. V-도록 하다 p.149

연습 1 1) 실수하지 않도록 하세요
2) 마시지 않도록 하세요
3) 켜 놓지 않도록 하세요
4) 과식하지 않도록 하세요

연습 2 1) 한국 친구와 많이 이야기하
2) 고향 말로 이야기하
3) 충전을 자주 하
4) 자주 떨어뜨리
5) 과일과 채소를 많이 먹
6) 먹자마자 눕

문형 연습

p.150

연습 1 1. 나갔다가 비가 와서 다시 들어왔어요
2. 불을 껐다가 어두워서 다시 켰어요
3. 벗었다가 추워서 다시 썼어요
4. 닫았다가 더워서 다시 열었어요

연습 2 1. 아뇨, 난로를 켰는데도 안 따뜻해졌어요
2. 아뇨, 텔레비전을 고쳤는데도 잘 나오지 않아요
3. 아뇨, 열심히 공부했는데도 시험을 잘 못 봤어요
4. 아뇨, 매웠는데도 잘 먹었어요

연습 3 1. 네, 조금 전까지 울더니 자요
2. 네, 조금 전까지 시끄럽더니 조용해졌어요
3. 네, 음식 만들기를 좋아하더니 요리사가 됐어요
4. 네, 밥을 많이 먹더니 건강해졌어요

연습 4 1. 이번 주 금요일까지 내도록 하세요
2. 다음 달까지 끝내도록 하세요
3. 식사 후에 먹도록 하세요
4. 내일 오후까지 보내도록 하세요

8과 교통사고가 났다고요?

어휘

p.154

연습 1 1) 안전벨트를 매 2) 주위를 (잘) 살펴
3) 제한 속도를 지켜 4) 신호를 어기
5) 과속을 하 6) 음주 운전을 하

연습 2 1) 사고가 났 2) 사고를 낸
3) 사고를 당한

연습 3 1) 삐었어요 2) 깁스를 하
3) 찢어졌어요 4) 꿰매
5) 입원해

연습 4

1) 

엘리베이터에 갇혔을 때

2) 

물에 빠졌을 때

3) 

뱀에 물렸을 때

벽에 쓰여 있는 전화번호로 연락하거나 119에 전화한다.

물린 곳에서 5~10cm 위를 묶은 후 빨리 병원에 간다.

팔다리를 크게 움직이지 말고 누워서 조금씩 앞으로 간다.

문법과 표현

1. V-다(가)

p.156

연습 1

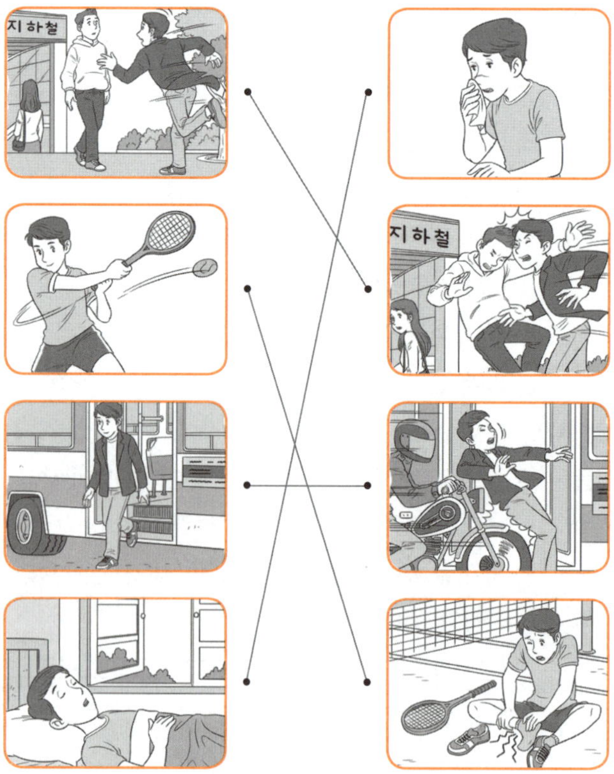

1) 뛰어가다가 다른 사람과 부딪쳤어요
2) 버스에서 내리다가 오토바이에 부딪혔어요
3) 문을 열어 놓고 자다가 감기에 걸렸어요
4) 테니스 치다가 넘어졌어요

연습 2 1) 자다가 2) 통화하다가
3) 오다가 4) 운전하다가

2. A-다고(요), V-ㄴ다고/는다고(요), N(이)라고(요) p.158

연습 1 1) 언제부터 휴가라고요, 다음 주부터 휴가라고요
2) 어디에서 만나자고요, 영화관 앞에서 만나자고요
3) 누구한테 물어보라고요, 민수 씨한테 물어보라고요
4) 뭘 사 오라고요, 우유 좀 사 오라고

연습 2 1) 치마가 너무 길다고요
2) 줄리앙 씨가 다음 달에 결혼한다고요
3) 100만 원을 빌려 달라고요
4) 회의에 참석하지 못했다고요
5) 오늘 저녁에 뭐 먹고 싶으냐고요
6) 서울역에 가려면 몇 번 버스를 타야 하느냐고요
7) 이번 주말에 뭐 할 거냐고요
8) 어제 본 영화가 어땠느냐고요

연습 3 1) 라고요 2) 갔다고요
3) 밖에 나갔다고요 4) 만나자고요
5) 홍제역에서 만나자고요 6) 만나자고요

3. 아무리 A/V-아도/어도 p.160

연습 1

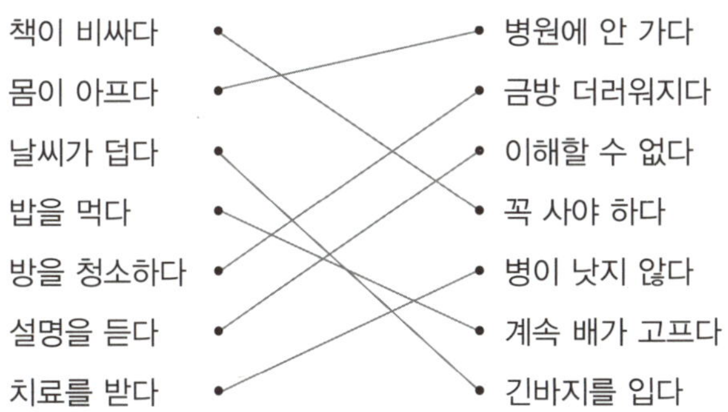

1) 몸이 아무리 아파도 병원에 안 가요
2) 날씨가 아무리 더워도 긴바지를 입어요
3) 밥을 아무리 먹어도 계속 배가 고파요
4) 방을 아무리 청소해도 금방 더러워져요
5) 아무리 설명을 들어도 이해할 수 없어요
6) 아무리 치료를 받아도 병이 낫지 않아요

연습 2 1) 아무리 자도 피곤해요
2) 아무리 전화해도 안 받아요
3) 아무리 바빠도 아침은 먹어야 해
4) 아무리 커피를 마셔도 졸려요
5) 아무리 머리가 좋아도 그 문제를 풀 수 없을 거야
6) 아무리 봐도 질리지 않아요
7) 아무리 힘들어도 그만둘 수 없어요

4. A/V-아야/어야 할 텐데(요) p.162

연습 1 1) 빨리 나아야 할 텐데요
2) 빨리 찾아야 할 텐데요
3) 빨리 잡아야 할 텐데요
4) 빨리 취직해야 할 텐데요
5) 우리 팀이 이겨야 할 텐데요
6) 비가 안 와야 할 텐데요
7) 일찍 일어나야 할 텐데
8) 장학금을 받아야 할 텐데

연습 2 1) 데려다줄 테니까
2) 문을 닫았을 텐데
3) 다리가 많이 아플 텐데
4) 상을 타야 할 텐데
5) 나갈 테니까
6) 합격해야 할 텐데
7) 장사가 잘돼야 할 텐데

문형 연습 p.164

연습 1 1. 집을 수리하다가 손을 다쳤어요
2. 늦게까지 일하다가 병이 났어요
3. 휴대폰으로 게임을 하다가 잠을 못 잤어요
4. 회의 자료를 만들다가 점심을 못 먹었어요

연습 2 1. 도둑이 들었다고요
2. 커피를 무료로 준다고요
3. 알리 씨 생일이라고요
4. 만 원을 주고 샀다고요

연습 3 1. 아뇨, 아무리 생각해도 모르겠어요
2. 아뇨, 아무리 찾아도 안 보여요
3. 아뇨, 아무리 약을 먹어도 안 나아요
4. 아뇨, 아무리 불러도 대답이 없어요

연습 4 1. 방을 빨리 구해야 할 텐데 걱정이네요
2. 가방을 빨리 찾아야 할 텐데 걱정이네요
3. 그 일을 빨리 끝내야 할 텐데 걱정이네요
4. 비자를 빨리 받아야 할 텐데 걱정이네요

9과 한글날에 대해 들어 봤어요?

어휘

p.168

연습 1

1.기	념	2.식			4.광		6.독				
		목			복		립			9.축	
3.국	경	일		5.명	절		7.기	념	8.행	사	
기							념		진		20.스
			10.개		12.기		일				승
			천		념					18.한	
	11.삼	일	절		하					19.글	자
				13.달	다		17.어	린	이	날	
14.출	15.근						버				
	로			16.불	꽃	놀	이				21.통
	자						날		22.현	충	일

문법과 표현

1. N을/를 위해(서), V-기 위해(서)

p.170

연습 1

여행 가기 위해서	한국에 왔다
통일을 위해서	저금하고 있다
한국어를 배우기 위해서	부동산에 들렀다
건강을 위해서	기도하고 있다
이사할 집을 알아보기 위해서	아침마다 운동한다

1) 한국어를 배우기 위해서 한국에 왔습니다
2) 여행 가기 위해서 열심히 저금하고 있습니다
3) 이사할 집을 알아보기 위해서 부동산에 들렀습니다
4) 통일을 위해서 열심히 기도합니다
5) 건강을 위해서 아침마다 운동합니다

연습 2 1) 만난 지 100일 되는 날을 기념하기 위해서 남자 친구가 사 줬어요
2) 좋은 직장에 취직하기 위해서는 자격증이 많이 필요하거든요
3) 해외여행 가기 위해서 비자를 받아야 하거든요
4) 저를 잘 키우기 위해서 직장을 그만두셨다고 해요

연습 3 1) 맛있는 음식을 준비한다
2) 왕관을 포기한 왕자가 있다
3) 힘들지만 참고 공부한다
4) 전쟁이 없어져야 한다

2. V-아지다/어지다

p.172

연습 1 1) 깨지다 2) 꺼지다 3) 구워지다
4) 만들어지다 5) 믿어지다 6) 세워지다
7) 알려지다 8) 외워지다 9) 정해지다
10) 지켜지다

연습 2 1) 세워졌 2) 만들어졌 3) 지켜지
4) 정해지

연습 3 1) 그릇이 깨졌어요
2) 빵이 잘 구워져요
3) 아직 안 고쳐졌어요
4) 회사 앞 일식집으로 정해졌어요
5) 저절로 꺼져요

3. A-(으)ㄴ데도 불구하고, V-는데도 불구하고, N인데도 불구하고

p.174

연습 1 1) 추운데도 불구하고
2) 주말인데도 불구하고
3) 늦은 시간인데도 불구하고
4) 비가 오는데도 불구하고

연습 3 1) 날씨가 나쁜데도 불구하고
2) 바람이 심하게 부는데도 불구하고
3) 앉을 자리가 없는데도 불구하고
4) 이른 시간인데도 불구하고

4. N에 대해(서), N에 대한 N

p.176

연습 1 1) 에 대해, 에 대한, 에 대해(서)
2) 에 대해(서), 에 대한
3) 에 대해(서), 에 대한

4) 에 대해(서), 에 대한
5) 에 대해(서), 에 대한

연습 2 1) 한국의 역사와 문화에 대한
2) 빈센트 반 고흐에 대한
3) 세 친구에 대한
4) 미래의 자동차에 대한

문형 연습

p.178

연습 1 1. 집을 사기 위해서요
2. 손님을 초대하기 위해서요
3. 딸기잼을 만들기 위해서요
4. 잠을 안 자기 위해서요

연습 2 1. 휴대폰이 깨졌어요
2. 이름이 지워졌어요
3. 시계 줄이 끊어졌어요
4. 자동차 시동이 꺼졌어요

연습 3 1. 일이 바쁜데도 불구하고 모두 참석했습니다
2. 바람이 심하게 부는데도 불구하고 많이 참가했습니다
3. 시험이 어려운데도 불구하고 잘 봤습니다
4. 평일인데도 불구하고 많이 왔습니다

연습 4 1. 문화 차이에 대해서 발표했어요
2. 졸업 논문에 대해서 의논했어요
3. 잊지 못할 사람에 대해서 썼어요
4. 좋은 성적을 받는 법에 대해서 여쭤봤어요

복습 3 어휘와 문법

어휘 확인

p.182

1. 1) 수리하고 2) 전원을 꺼 3) 신호를 어기고
4) 사고를 내고 5) 입원해야

2. 1) 빼다, 빼고, 뺐다가
2) 걸리다, 걸려요, 걸리니까
3) 지키다, 지키다가, 지키기

문법 확인

p.183

1. 1) 껐다가 켰는데도 안 나와요
2) 좋더니 다시 오네요
3) 아무리 찾아도 없네요
4) 네, 100년 전에 지어진 건물이에요
5) 좋아하는 연예인에 대해서 얘기해요

2. 1) 약속 날짜가 정해지면 바로 알려 주세요
2) 지운 씨가 계단을 뛰어 내려가다가 넘어져서 크게 다쳤대요
3) 우현 씨가 병에 걸려서 회사에 못 나오고 있어요. 빨리 나아야 할 텐데 걱정이에요

평가하기

p.184

1. ① 2. ② 3. ③ 4. ③ 5. ④ 6. ① 7. ②
8. ④ 9. ② 10. ② 11. ② 12.④ 13. ④ 14. ④
15. ② 16. ③ 17. ①

복습 3 듣기

p.187

1. ③ 2. ① 3. ④ 4. ④ 5. ② 6. ④ 7. ②
8. ① 9. ① 10. ② 11. ② 12. ④ 13. ④ 14. ②
15. ③ 16. ②

복습 3 읽기와 쓰기

p.191

1. ④ 2. ② 3. ② 4. ② 5. ③ 6. ④ 7. ③
8. ④ 9. ④ 10. ④ 11. ② 12. ① 13. ③
14. 탈수가 잘 안돼
15. 새것처럼 깨끗하고 성능도 좋습니다.

집필 Authors

최은규 Choi Eunkyu
서울대학교 국어국문학과 박사
Seoul National University, Ph.D. in Korean Language and Literature

서울대학교 언어교육원 한국어교육센터 대우부교수
Seoul National University, LEI Associate Professor

정영미 Chung Youngmee
한국학중앙연구원 한국학 석사
The Academy of Korean Studies, M.A. in Korean Studies

서울대학교 언어교육원 한국어교육센터 대우전임강사
Seoul National University, LEI Full-time Instructor

김정현 Kim Junghyun
경희대학교 외국어로서의 한국어 교육학 석사
Kyung Hee University, M.A. in Education, Korean Language Education as a Foreign Language

서울대학교 언어교육원 한국어교육센터 대우전임강사
Seoul National University, LEI Full-time Instructor

김현경 Kim Hyunkyung
한국외국어대학교 제2외국어로서의 한국어교육 석사
Hankuk University of Foreign Studies, M.A. in Education of Korean as a Second Language

서울대학교 언어교육원 한국어교육센터 대우전임강사
Seoul National University, LEI Full-time Instructor

번역 Translator

로버트 카루바 Robert Carrubba
서강대학교 국어국문학과 석사
Sogang University, M.A. in Korean Language and Literature

한국어 교육자 및 번역가
Korean Language Educator and Translator

번역 감수 Translation Editor

이소영 Lee Soyoung
이화여자대학교 교육공학과 박사
Ewha Womans University, Ph.D. in the Department of Educational Technology

서울대학교 언어교육원 한국어교육센터 대우전임강사
Seoul National University, LEI Full-time Instructor